Préface du Dr Christian SPITZ

Sex'Ado

Elizabeth Fenwick
Dr Richard Walker

HACHETTE

Edition originale en langue anglaise
Titre original : How sex works
© 1994 Dorling Kindersley Limited, London
© 1994, Elizabeth Fenwick et Richard Walker pour le texte

HACHETTE
Littérature Générale

Pour la présente édition en langue française
© 1995, HACHETTE LIVRE (Littérature Générale : Livres Pratiques)
ISBN : 2 01 23 60 50 5
N° d'édition : 30 791/94 119
Dépôt légal : 4149 95. I
23.28.6050.01.1

Traduction : Nicolas Blot
Conseil médical et adaptation française : Dr Jean-Michel Delaroche
Adaptation et réalisation de la couverture : Graph'M
Photo de couverture : Zefa/Wartenberg
Composition : Nord Compo

Imprimé à Hong Kong

SOMMAIRE

La puberté implique un certain nombre de transformations psychologiques et physiologiques qui permettent à l'enfant de devenir adulte. La sexualité fait partie de cette évolution, et l'adolescent doit se préparer à vivre des relations amoureuses.

PRÉFACE

La découverte de la sexualité joue un rôle très important dans notre évolution. Il est souvent difficile et déroutant de connaître ses premiers émois sexuels, tout en faisant face aux transformations physiques dont s'accompagne le passage de l'enfance à l'âge adulte.

Si j'ai décidé de vous présenter *Sex'Ado*, c'est parce que cet ouvrage s'adresse à vous tous, garçons et filles de 11 à 18 ans, et a été écrit et illustré pour vous apporter des réponses claires et concrètes aux questions que vous vous posez à propos de votre sexualité et de votre corps d'adolescent, mais aussi à propos de l'amour, de la grossesse, du Sida, des relations aux amis, aux parents, etc.

Certains d'entre vous auront peut-être le sentiment de déjà bien connaître ces sujets, puisqu'ils sont maintenant de plus en plus souvent abordés dans la presse, à la télé et ...à la radio ! Tout le monde parle de sexe, souvent sur le ton de la plaisanterie, mais la sexualité continue, malgré tout, à être entourée de rumeurs et de mythes ; vous êtes encore nombreux à éprouver une certaine gêne à vous exprimer ouvertement et franchement.

« Comment cela se passe-t-il vraiment ? », « comment savoir si je suis prêt(e) pour avoir des rapports sexuels ? », « pourquoi est-ce que mon meilleur ami (ou ma meilleure amie) mûrit beaucoup plus vite que moi ? »... Vous vous posez tous ce genre de questions – et bien d'autres –, sans oser en parler à qui que ce soit. Vous avez aussi des sujets d'inquiétude, car votre corps et vos sentiments évoluent rapidement pendant l'adolescence, et c'est normal. Il est donc utile de s'informer.

Vous vous demandez tous qui vous êtes véritablement, et quelle est la nature de ces bouleversements que vous constatez presque chaque jour en vous. Je l'ai déjà dit, chacun se développe à un rythme qui lui est propre. Pourtant, l'une de vos questions les plus courantes est : « Suis-je normal(e) ? ». Tout cela parce que certaines filles que vous connaissez ont eu leurs premières règles avant vous, ou que vous vous sentez mal à l'aise d'avoir un corps beaucoup plus développé que celui de vos copains, ou encore parce que vous avez l'impression d'être rejeté(e) par ceux qui, autour de vous, parlent sans arrêt de flirts et de petit(e)s ami(e)s, sujets auxquels vous ne vous intéressez pas véritablement.

Je pense qu'il est essentiel de comprendre les sentiments que nous inspire la sexualité, et surtout de décider du moment où l'on se sent prêt pour des rapports sexuels. Bien souvent, les pressions qui s'exercent pour vous amener plus loin que vous ne le souhaiteriez sont très fortes. J'espère que ce livre vous aidera à acquérir la confiance en vous nécessaire pour aller à votre propre rythme et mieux contrôler la situation. C'est à vous de décider du moment où vous aurez des relations sexuelles et de la personne avec qui vous partagerez cette expérience.

La sexualité est source de plaisir, mais elle comporte aussi des risques, affectifs autant que physiques. Les grossesses non désirées et – aujourd'hui – le Sida font l'objet de maints débats. L'intérêt de ce livre est qu'il apporte des éléments d'informations pratiques sur la manière de protéger votre santé et celle de vos partenaires, afin d'échapper à ces risques.

Il est tout aussi important de bien vous préparer dans le domaine affectif aux relations sexuelles, car les sentiments et les émotions en jeu sont très forts. C'est pourquoi *Sex'Ado* traite aussi des sentiments pénibles que chacun de vous peut éprouver à un moment ou à un autre : peur de ne pas attirer l'attention de celui ou de celle que l'on aime, chagrin d'une rupture, impression de n'être pas comme les autres...

De toute évidence, la sexualité est beaucoup plus que la simple mécanique des rapports sexuels. La plupart des gens, quel que soit leur âge, apprécient ces rapports lorsqu'ils s'intègrent dans le cadre de relations d'amour, de tendresse, d'échange. Or, de telles relations ne s'établissent pas par magie : à chacun d'apprendre à les faire naître et à les entretenir.

L'objectif de cet ouvrage est donc de vous apporter des connaissances qui, ajoutées à votre expérience, vous permettront de prendre vos propres décisions concernant votre sexualité et vos relations avec autrui. En tant qu'ados, vous êtes des individus à part entière, avec vos convictions et vos sentiments quant à ce qui est bien ou non. Le fait de mûrir consiste justement à assumer la responsabilité de ses actes. J'espère sincèrement que ce livre contribuera à vous apporter les informations nécessaires pour y arriver.

Dr Christian Spitz

COMPRENDRE SON CORPS

Devenir une femme

Entre dix et dix-huit ans, le corps des adolescentes se transforme : elles deviennent femmes. Leur silhouette s'arrondit, leur poids double presque, leur taille s'affine, leurs seins et leurs hanches se développent.

L'apparence physique est principalement déterminée par les gènes hérités des parents. Lorsque le spermatozoïde et l'ovule se rencontrent lors de la fécondation *(voir page 70)*, l'un et l'autre transportent des informations véhiculées par des milliers de gènes sous la forme de chromosomes ; la réunion de ces derniers aboutit à un réassortiment des gènes, qui régiront les caractéristiques physiques de l'individu à naître : couleur de la peau et des yeux, stature... L'immense diversité des gènes et des combinaisons fait que chaque fécondation donne naissance à un être original et unique. Un gène apporté par l'un des parents peut être dominant ; ainsi, un enfant dont le père a les yeux marron aura de grandes chances d'en hériter, même si leur nuance est différente. Bien sûr, les individus ne se distinguent pas uniquement en fonction de leurs caractéristiques génétiques. L'environnement social joue aussi son rôle. Pourtant, certains semblent prédisposés à grossir. À la puberté, une alimentation saine et un exercice physique régulier permettent généralement de rester en forme.

L'HYGIÈNE PERSONNELLE

Vers douze ou treize ans, les glandes sudoripares (glandes de la transpiration) situées sous les aisselles commencent à fonctionner. Tout le monde transpire, lors d'un effort physique ou d'une surcharge d'excitation ou de stress, mais certains transpirent plus que d'autres. La sueur fraîche est inodore : son odeur caractéristique n'apparaît qu'après quelques heures. Il est donc important de prendre chaque jour un bain ou une douche, et éventuellement d'utiliser un déodorant. Si vous transpirez abondamment, vous pouvez choisir un déodorant associé à un antisudoral (qui réduit la transpiration). S'épiler les aisselles n'empêche pas de transpirer. Les crèmes épilatoires pouvant provoquer des inflammations de la peau, il est préférable de ne pas utiliser de déodorant aussitôt après l'épilation.

LA CROISSANCE
Jusqu'à dix ou onze ans, les enfants grandissent lentement et régulièrement. Toutefois, au début de la puberté, la croissance s'accélère brutalement. Ce phénomène intervient généralement deux ans plus tôt chez les filles que chez les garçons *(voir page 20)*. La croissance se poursuit alors avec régularité jusqu'à ce que la jeune fille ait

Apparition éventuelle de boutons sur le visage

Transpiration souvent plus abondante

Les mamelons grossissent et les aréoles s'agrandissent

Apparition éventuelle de quelques poils pubiens

12 ans
Taille : 1,37 m
Poids : 32 kg

atteint sa taille et son poids d'adulte, vers dix-huit ans. Le rythme des modifications peut être très différent d'une fille à l'autre. Les tailles et poids présentés ici sont indicatifs.

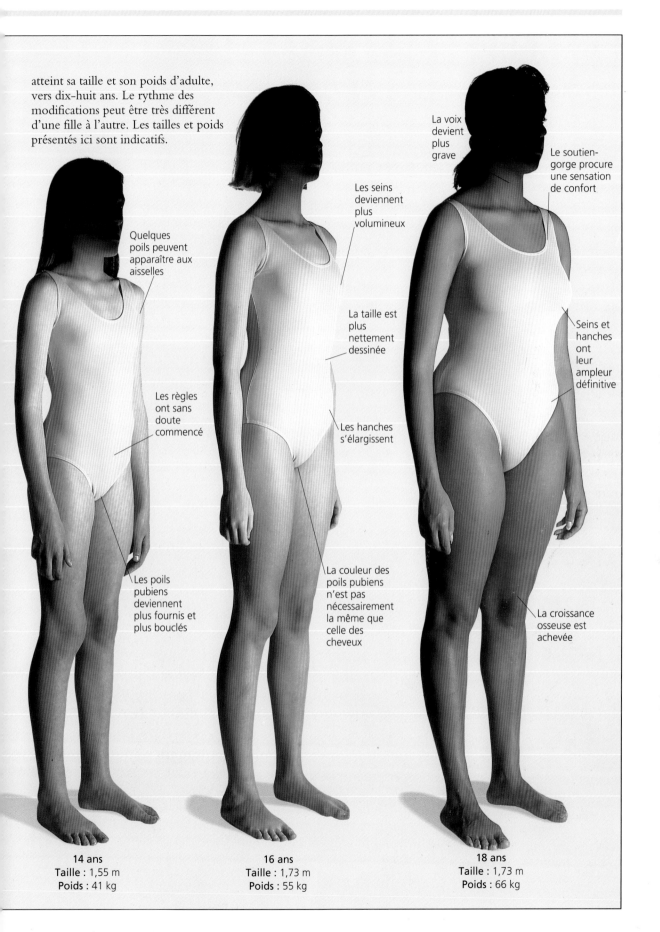

La voix devient plus grave

Le soutien-gorge procure une sensation de confort

Les seins deviennent plus volumineux

Quelques poils peuvent apparaître aux aisselles

La taille est plus nettement dessinée

Seins et hanches ont leur ampleur définitive

Les règles ont sans doute commencé

Les hanches s'élargissent

Les poils pubiens deviennent plus fournis et plus bouclés

La couleur des poils pubiens n'est pas nécessairement la même que celle des cheveux

La croissance osseuse est achevée

14 ans
Taille : 1,55 m
Poids : 41 kg

16 ans
Taille : 1,73 m
Poids : 55 kg

18 ans
Taille : 1,73 m
Poids : 66 kg

Une fille à la puberté

Pendant la puberté, le corps de la jeune fille devient celui d'une femme. Cette période ne débute pas au même âge pour toutes les filles et le rythme des transformations physiques est variable.

Les bouleversements physiologiques et psychologiques de la puberté sont dus à une augmentation des taux d'hormones femelles (œstrogènes et progestérone – *voir page 16*). La puberté commence plus tôt chez les filles que chez les garçons, vers dix ou onze ans généralement, mais elle peut aussi survenir beaucoup plus tard.

La jeune fille constate qu'elle grandit soudain plus vite, et qu'elle dépasse en taille nombre de garçons de son âge. Ses seins commencent à se développer ; des poils peuvent apparaître dans la région pubienne *(voir page 14)* ainsi qu'aux aisselles ; ses hanches, ses cuisses et ses seins s'arrondissent. Les premières règles apparaissent. Les organes internes se transforment eux aussi *(voir page 17)*.

D'UN EXTRÊME À L'AUTRE

Le critère selon lequel il faut être mince pour «être belle» est très répandu dans les sociétés occidentales où l'on constate que presque toutes les femmes, à un moment ou un autre de leur vie, suivent un régime. La perte de poids s'accompagne d'un sentiment de victoire mais reste difficile à maintenir. Chez certaines filles, le désir de minceur peut aller jusqu'à l'obsession. L'anorexie est une maladie : celles qui en souffrent se jugent toujours trop grosses et se sous-alimentent en permanence dans l'espoir de perdre toujours plus de poids. Même maigre, l'anorexique ne se considère pas comme telle. Son poids diminue dangereusement, ses règles s'arrêtent généralement. L'anorexie peut même entraîner la mort. À l'inverse, certaines jeunes filles souffrent de boulimie : elles s'alimentent de façon excessive et compulsive, maintenant parfois leur poids en se faisant vomir. Les adolescentes atteintes de ces troubles ont besoin d'aide, non seulement pour retrouver un mode d'alimentation plus sain, mais aussi parce qu'ils sont souvent le signe d'une profonde souffrance psychologique.

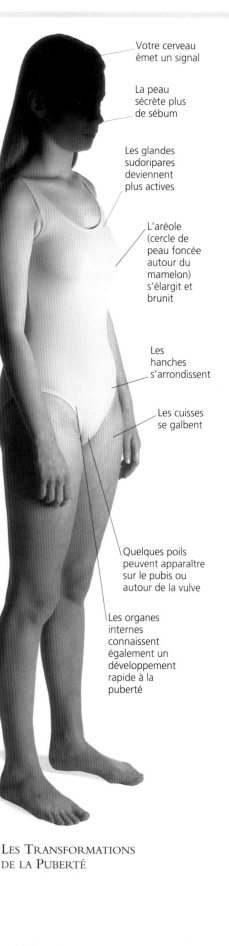

Votre cerveau émet un signal

La peau sécrète plus de sébum

Les glandes sudoripares deviennent plus actives

L'aréole (cercle de peau foncée autour du mamelon) s'élargit et brunit

Les hanches s'arrondissent

Les cuisses se galbent

Quelques poils peuvent apparaître sur le pubis ou autour de la vulve

Les organes internes connaissent également un développement rapide à la puberté

LES TRANSFORMATIONS DE LA PUBERTÉ

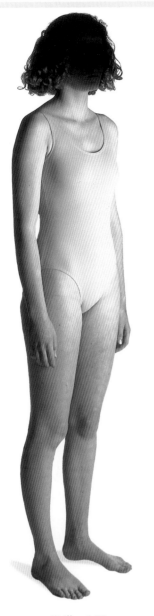

À Chacune sa Croissance

Taille : 1,75 m
Poids : 57 kg

Taille : 1,55 m
Poids : 44 kg

Taille : 1,73 m
Poids : 67 kg

Taille : 1,62 m
Poids : 51 kg

Rythmes de Croissance

Les transformations de la puberté surviennent en principe dans un ordre prévisible, mais chaque fille se développe à son rythme. Ainsi, certaines grandissent brusquement à onze ans, alors que d'autres doivent attendre treize ans. C'est souvent au moment de cette poussée de croissance qu'apparaissent *les modifications physiques*, ainsi que les premières règles. Les jeunes filles ci-dessus ont treize ans.

QUESTIONS/RÉPONSES

J'ai envie d'être belle, mais j'ai souvent des boutons. Dois-je supprimer le chocolat ?
Sophie, 14 ans

L'alimentation n'a guère d'influence sur l'acné juvénile. Celle-ci est due aux taux d'hormones sexuelles dans le sang pendant la puberté. Une bonne hygiène du visage est indispensable. Utilise des produits simples comme le savon de Marseille, et n'hésite pas à consulter un dermatologue.

Mes seins sont petits, mais ma copine dit que je devrais quand même porter un soutien-gorge. Que dois-je faire ?
Blandine, 13 ans

Le bon moment pour porter un soutien-gorge est celui où tu en ressens le besoin. Le sein est une glande entourée de chair et de peau ; aucun muscle ne le soutient. Il ne faut donc pas croire qu'il peut subir sans dommage les lois de la pesanteur !

Le corps féminin

L'appareil reproducteur féminin (y compris les ovules) est en place dès la naissance. À la puberté, un signal du cerveau lance la phase fertile de la vie : dès lors, chaque mois et jusqu'à environ cinquante ans, un ovule sera émis par l'un des ovaires.

LE PELVIS
Les organes reproducteurs sont protégés par le pelvis (ou petit bassin). L'utérus est placé au-dessus et en arrière de la vessie, et en avant du rectum.

Parvenu à maturité, cet ovule est libéré dans l'une des trompes de Fallope. En présence de spermatozoïdes, il peut alors être fécondé *(voir pages 70-71)*. Les trompes sont reliées à l'utérus, où s'effectuera la gestation. Le col de l'utérus est obstrué par des sécrétions appelées « glaire cervicale », qui se fluidifient lors de l'ovulation, facilitant ainsi l'accès des spermatozoïdes. Le vagin, reliant l'utérus à la vulve, est indépendant de l'appareil urinaire, qui dispose de son propre orifice, le méat urinaire.

Comparable à une poire, l'utérus est l'organe le plus musculeux du corps féminin et peut se dilater de manière considérable ; il est le plus souvent incliné vers l'avant, presque à la perpendiculaire du vagin. À sa base, le col de l'utérus (ou cervix), s'ouvre dans le vagin (au doigt, on peut sentir son extrémité en haut du vagin).

LA VULVE
Entre les grandes lèvres, charnues et couvertes de poils, sont situés deux replis de peau plus fins et glabres, les petites lèvres. Entre ces dernières, on distingue d'avant en arrière le clitoris, le méat urinaire et l'entrée du vagin.

Au cours de la puberté, les organes génitaux externes se développent *(voir page 12)* : le mont de Vénus (tissus adipeux recouvrant l'os pubien), devient plus charnu, plus proéminent et se couvre de poils, tout comme les grandes lèvres.

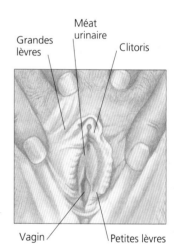

Grandes lèvres — Méat urinaire — Clitoris

Vagin — Petites lèvres

ANATOMIE DES SEINS

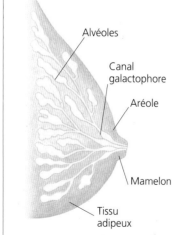

Alvéoles

Canal galactophore

Aréole

Mamelon

Tissu adipeux

Les seins sont constitués de tissu adipeux contenant de minuscules glandes (ou alvéoles) destinées à produire du lait. Toutes les femmes ont un nombre comparable d'alvéoles, mais certaines ont davantage de tissu adipeux, donc de plus gros seins. Les canaux galactophores relient ces glandes au mamelon, qui est la partie la plus sensible du sein. Le mamelon est souple et froid ; les contacts ou l'excitation sexuelle le font saillir et durcir. Il est entouré de l'aréole, zone de peau rose ou marron, qui devient plus foncée avec l'âge et les grossesses. Durant la grossesse, les canaux galactophores prennent la place d'une grande partie de la graisse contenue dans le sein. Lors de la tétée, le lait est acheminé par les canaux des alvéoles jusqu'au mamelon.

Le pavillon de la trompe de Fallope, affleurant l'ovaire, reçoit l'œuf

DE L'OVAIRE À L'UTÉRUS

Le fond de l'utérus s'ouvre sur les trompes de Fallope, dont les extrémités dentelées sont proches de la surface des ovaires. Sur cette illustration, les dimensions des trompes de Fallope et des ovaires sont agrandies. Un ovaire mesure environ 3 cm (les ovules sont minuscules) et le diamètre des trompes de Fallope est de 1 mm environ.

Dès la naissance, les ovaires possèdent leur nombre définitif d'ovules (environ 400 000), contenus dans des petits sacs, les follicules. Lorsqu'un ovule est émis, le follicule vide se transforme en corps jaune. Les ovaires produisent aussi des hormones (œstrogènes et progestérone)

L'utérus est un organe creux, capable de se dilater pour contenir le fœtus durant la grossesse

Le cervix, ou col de l'utérus, s'ouvre dans le vagin. Un fin canal, l'endocol, permet l'écoulement du sang lors des règles. Il produit des sécrétions, ou « glaire cervicale », qui se fluidifient lors de l'ovulation, permettant ainsi l'accès des spermatozoïdes à l'utérus

Le diamètre interne d'une trompe de Fallope ne dépasse pas celui d'un cheveu. Des cils minuscules poussent lentement l'ovule vers l'utérus. En présence de spermatozoïdes, la fécondation peut alors se produire

Vessie

Clitoris

Urètre

Rectum

Le vagin, long d'environ 8 cm, présente des parois élastiques, capables de se distendre durant le rapport sexuel et lors de l'accouchement. Dans l'enfance, l'entrée du conduit vaginal est partiellement obstruée par une membrane, l'hymen

---

QUESTIONS/RÉPONSES

Quand on est vierge, le vagin est-il complètement fermé ?
Clotilde, 14 ans

Une membrane, l'hymen, entoure l'entrée du vagin, mais il est très rare qu'elle l'obstrue complètement ; il reste en général un orifice suffisant pour permettre l'écoulement du sang menstruel, et parfois beaucoup plus grand. L'hymen finit par se distendre ou par se déchirer sous l'effet d'exercices physiques vigoureux, de l'emploi de tampons périodiques ou au cours des premiers rapports sexuels.

Que deviennent les ovules qui ne sont pas « utilisés » ?
Marie, 13 ans

Des 400 000 ovules présents dans tes ovaires à la naissance, seuls 400 environ sont émis lors de l'ovulation. Les autres sont réabsorbés par l'organisme. Lorsque tous les ovules ont été émis, les ovaires cessent de produire des hormones : c'est la ménopause.

Est-il vrai que les jumeaux naissent à cause de quelque chose dans le corps du père ou de la mère, et que c'est « de famille » ?
Sébastien, 14 ans

Il existe des « vrais » et des « faux » jumeaux. Dans le premier cas, un ovule fécondé se divise pour former deux bébés : ils sont alors de même sexe et de même apparence, car ils ont les mêmes gènes. Ces naissances sont en effet fréquentes dans certaines familles. Il arrive aussi que deux ovules soient fécondés. Les bébés ne se ressemblent donc pas nécessairement et peuvent être de sexe différent.

Le cycle menstruel

Si l'ovule n'est pas fécondé par un spermatozoïde, la partie superficielle de la muqueuse de l'utérus, qui s'était préparée à recevoir l'œuf, est expulsée par le vagin. On appelle ce phénomène les règles ou la menstruation.

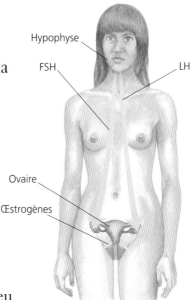

Les premières règles indiquent que les hormones hypophysaires stimulent les ovaires, lesquels libèrent des ovules. La jeune fille est capable de procréer. Les règles surviennent généralement entre onze et quatorze ans, mais parfois dès neuf ans ou après seize ans.

Les premiers mois, l'écoulement de sang est souvent peu abondant et peut être de couleur brunâtre. Il se limite parfois à un mince filet le premier jour, devient plus abondant les deuxième et troisième jours pour se réduire ensuite. Au début des règles, voire quelques jours avant, il est courant d'observer une période d'inconfort accompagnée de crampes abdominales.

Le cycle menstruel, souvent irrégulier dans les premiers temps (il s'interrompt parfois), se régularise après quelques mois. Sa durée moyenne (du premier jour des règles au premier jour des suivantes) est de vingt-huit jours, mais elle varie suivant les femmes.

Hypophyse
FSH
LH
Ovaire
Œstrogènes

L'ACTION DES HORMONES
Le déroulement du cycle menstruel est régi par des hormones. Les hormones folliculo-stimulante (FSH) et lutéinisante (LH), sécrétées par l'hypophyse (glande située à la base du crâne), sont transportées par le sang jusqu'aux ovaires : un ovule mûrit alors et est libéré ; les ovaires émettent deux autres hormones (œstrogènes et progestérone), qui épaississent la muqueuse utérine (l'endomètre).

LA DYSMÉNORRHÉE

Certaines menstruations sont douloureuses. Les crampes abdominales, parfois très intenses et accompagnées de vomissements, peuvent être soulagées à l'aide d'un analgésique. Il ne faut pas hésiter à consulter un médecin. Les douleurs régressent le plus souvent avec l'âge, ou avec une pilule contraceptive. Beaucoup de femmes souffrent également de ce que l'on appelle le syndrome menstruel. Il se traduit par une sensation de ventre gonflé, des migraines, un vague à l'âme.

QUESTIONS/RÉPONSES

Est-il possible d'être enceinte avant d'être réglée ?
Charlotte, 13 ans

En théorie oui, car les règles peuvent être sur le point de survenir, mais il est très rare qu'un ovule soit émis lors des premières règles.

Comment saurai-je que mes premières règles vont arriver ?
Aline, 14 ans

Pas avant que tes seins ne se développent et que tes poils pubiens n'apparaissent. Si ta mère a eu des premières règles tardives, ce sera sans doute aussi ton cas. Environ un an avant le premier saignement, il se peut que tu aies des écoulements blanchâtres (« pertes blanches »).

Certaines filles de mon école se font dispenser de gym quand elles ont leurs règles.
Qu'en pensez-vous ?
Estelle, 14 ans

Pendant tes règles, tu peux pratiquer toutes tes activités habituelles. L'exercice physique peut même contribuer à réduire les crampes et t'apporter un certain bien-être. Des symptômes tels que dépression, irritabilité, boutons, maux de tête, gonflement ou ramollissement des seins, crampes d'estomac sont courants et te gênent peut-être. Dans ce cas, tu dois trouver un traitement qui te convienne. Si nécessaire, tu peux aussi prendre un analgésique, en respectant les indications concernant les règles douloureuses.

LE CYCLE MENSTRUEL

La durée moyenne du cycle menstruel est de 28 jours, mais elle peut en réalité varier de 21 à 42 jours. Quoi qu'il en soit, l'ovulation survient de 12 à 16 jours **avant** le commencement des règles suivantes. Si l'ovule n'est pas fécondé, les tissus superficiels de la muqueuse utérine sont expulsés par le vagin. Au cours du cycle, la glaire cervicale subit en outre une transformation, qui peut servir à dater l'ovulation *(voir page 68)*.

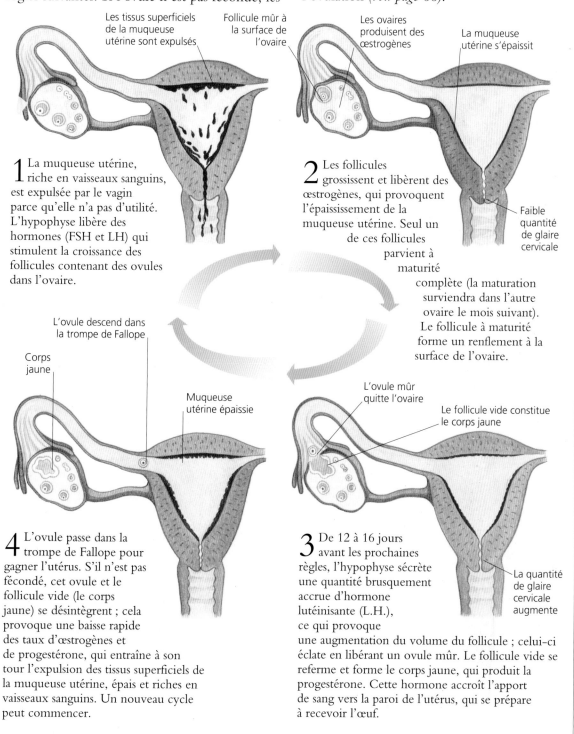

Les tissus superficiels de la muqueuse utérine sont expulsés

Follicule mûr à la surface de l'ovaire

1 La muqueuse utérine, riche en vaisseaux sanguins, est expulsée par le vagin parce qu'elle n'a pas d'utilité. L'hypophyse libère des hormones (FSH et LH) qui stimulent la croissance des follicules contenant des ovules dans l'ovaire.

Les ovaires produisent des œstrogènes

La muqueuse utérine s'épaissit

2 Les follicules grossissent et libèrent des œstrogènes, qui provoquent l'épaississement de la muqueuse utérine. Seul un de ces follicules parvient à maturité complète (la maturation surviendra dans l'autre ovaire le mois suivant). Le follicule à maturité forme un renflement à la surface de l'ovaire.

Faible quantité de glaire cervicale

Corps jaune

L'ovule descend dans la trompe de Fallope

Muqueuse utérine épaissie

4 L'ovule passe dans la trompe de Fallope pour gagner l'utérus. S'il n'est pas fécondé, cet ovule et le follicule vide (le corps jaune) se désintègrent ; cela provoque une baisse rapide des taux d'œstrogènes et de progestérone, qui entraîne à son tour l'expulsion des tissus superficiels de la muqueuse utérine, épais et riches en vaisseaux sanguins. Un nouveau cycle peut commencer.

L'ovule mûr quitte l'ovaire

Le follicule vide constitue le corps jaune

3 De 12 à 16 jours avant les prochaines règles, l'hypophyse sécrète une quantité brusquement accrue d'hormone lutéinisante (L.H.), ce qui provoque une augmentation du volume du follicule ; celui-ci éclate en libérant un ovule mûr. Le follicule vide se referme et forme le corps jaune, qui produit la progestérone. Cette hormone accroît l'apport de sang vers la paroi de l'utérus, qui se prépare à recevoir l'œuf.

La quantité de glaire cervicale augmente

Les règles

À un âge compris entre neuf et seize ans, l'hypophyse, située à la base du cerveau, déclenche le processus de la menstruation en émettant des hormones. Ces hormones stimulent les ovaires, qui produisent alors les hormones sexuelles femelles.

Il n'y a pas si longtemps, la menstruation était considérée comme un sujet tabou, et la femme indisposée comme « impure ». La médecine contribuait à entretenir ce préjugé, en véhiculant l'idée que les règles servaient à évacuer les impuretés du corps de la femme... Les mœurs et la science ont évolué, et aujourd'hui, une jeune fille qui a ses premières règles peut se sentir fière de cet événement.

Toutefois, certaines jeunes filles sont mal informées au sujet de ce phénomène. D'autres craignent de sentir mauvais ou de tacher leurs vêtements. Dialoguer avec ses amies est sans aucun doute le meilleur moyen de surmonter ces difficultés, qui découlent souvent de l'attitude des parents.

Si vous le souhaitez, portez sur un tableau les dates des différentes étapes de votre cycle. Selon sa régularité, vous pourrez ainsi déterminer votre période d'ovulation et prévoir à peu près la date de vos prochaines règles.

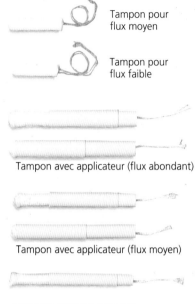

Tampon pour flux abondant

Tampon pour flux moyen

Tampon pour flux faible

Tampon avec applicateur (flux abondant)

Tampon avec applicateur (flux moyen)

Tampon avec applicateur (flux faible)

LES TAMPONS PÉRIODIQUES
Ce sont des rouleaux de ouate pourvus d'une cordelette dont la capacité d'absorption est adaptée à l'abondance du flux. En cas de fuites, il faut utiliser un tampon plus absorbant ou en changer plus souvent. Il est impossible de se tromper d'orifice en le plaçant ou qu'il se perde dans le vagin.

L'HYGIÈNE

Une bonne hygiène est essentielle. Il faut se laver la région du vagin, mais non l'intérieur de celui-ci car sa paroi est très sensible. Le savon peut détruire la flore microbienne qui assure naturellement sa propreté et le défend contre les infections. Douches vaginales et déodorants locaux sont inutiles, voire nocifs ; l'usage répété de bains moussants peut provoquer des irritations. Il faut renouveler le tampon périodique plusieurs fois par jour afin d'éviter le risque d'infections graves (voir page 64).

LES SERVIETTES HYGIÉNIQUES
Certaines femmes préfèrent les serviettes aux tampons, notamment lorsque leur flux menstruel est faible et pendant la nuit. Les serviettes hygiéniques sont composées de plusieurs couches de coton absorbant et comportent un fond en plastique imperméable. Elles se portent hors du corps. Il existe des serviettes de différentes épaisseurs, adaptées à l'importance du flux. Certaines présentent des extrémités évasées, ce qui leur assure un meilleur maintien. Elles doivent être changées plusieurs fois par jour.

Protège-slip évasé

Protège-slip anatomique

METTRE UN TAMPON PÉRIODIQUE

Certaines jeunes filles éprouvent des difficultés à mettre le tampon ou ne le supportent pas ; d'autres sont en proie à une réaction émotionnelle intense (pleurs, malaises, évanouissement...) lors des premières tentatives. N'hésitez pas à consulter un médecin qui saura vous informer sur votre corps, vous conseiller, et vérifier l'absence d'infection génitale.

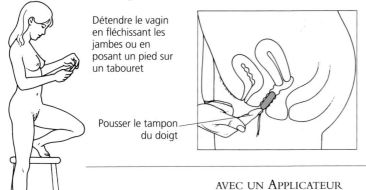

Détendre le vagin en fléchissant les jambes ou en posant un pied sur un tabouret

Pousser le tampon du doigt

AVEC LE DOIGT
Enfoncer au moins une phalange de l'index dans le vagin pour que le tampon soit bien introduit. Si l'on sent la présence du tampon, c'est qu'il n'est pas assez enfoncé ou qu'il est inséré selon un mauvais angle ; pousser alors de nouveau avec le doigt.

AVEC UN APPLICATEUR

Applicateur à l'entrée du vagin

Index sur le tube intérieur

1 Saisir l'applicateur et placer l'index sur l'extrémité du tube. Insérer délicatement l'applicateur dans l'entrée du vagin et pousser sur le tube pour introduire le tampon.

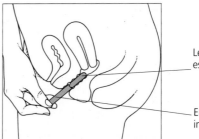

Le tampon est en place

Enfoncer le tube intérieur

2 Enfoncer le tube intérieur aussi loin que possible. Retirer l'applicateur et vérifier que la cordelette apparaît à l'extérieur du vagin.

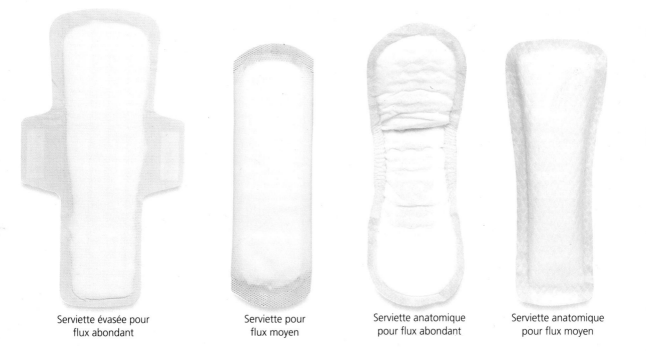

Serviette évasée pour flux abondant

Serviette pour flux moyen

Serviette anatomique pour flux abondant

Serviette anatomique pour flux moyen

Devenir un homme

Entre treize et dix-huit ans, le jeune garçon devient homme. Son poids est presque doublé, il grandit beaucoup. Mais cette évolution ne se déroule jamais exactement au même rythme chez deux individus.

Au cours de l'adolescence d'un garçon, des poils apparaissent sur corps et sa voix mue, ce qui le plonge parfois dans l'embarras, car son timbre vocal peut alors passer du grave à l'aigu dans la même phrase. Ses caractéristiques physiques dépendent en grande partie des gènes hérités de ses parents *(voir page 10)*. Par exemple, si son père est très poilu, il a de fortes chances pour le devenir aussi. Toutefois, le mode de vie et l'alimentation jouent un rôle important.

Les signes de la virilité se dessinent à douze ans chez certains, plus tard chez d'autres. De nombreux garçons ont peur de se développer trop vite ou trop lentement. Parfois, les costauds plus barbus que « les autres », ou au contraire les plus petits encore glabres font l'objet de railleries. Pourtant, chacun subit les mêmes transformations, à des degrés et à des moments divers. Le premier signe de l'évolution pubertaire est l'augmentation de volume des testicules.

QUESTIONS/RÉPONSES

Mes copains disent que je sens mauvais. Que faire ?
Jérôme, 14 ans

Tu commences à transpirer davantage, et l'odeur de cette transpiration est différente. Prends un bain ou une douche tous les jours, porte des vêtements et des chaussettes propres, utilise un déodorant antisudoral (qui diminue la transpiration), évite les tissus synthétiques, notamment pour tes sous-vêtements.

Que faire au sujet des poils duveteux qui me poussent sur le visage ?
Benjamin, 15 ans

Il est facile de supprimer barbe et moustache avec de la mousse à raser et des rasoirs jetables. Lorsqu'ils seront plus drus et plus fournis, tu pourras utiliser un rasoir électrique.

Mes seins se sont mis à gonfler, et sont devenus sensibles. Est-ce que je suis en train de me transformer en fille ?
Patrice, 15 ans

Ce phénomène, assez fréquent, est dû à une réaction aux hormones sexuelles de la puberté. Certaines peuvent stimuler les glandes mammaires. Au-delà de six mois, consulte un médecin car il peut s'agir d'un problème hormonal.

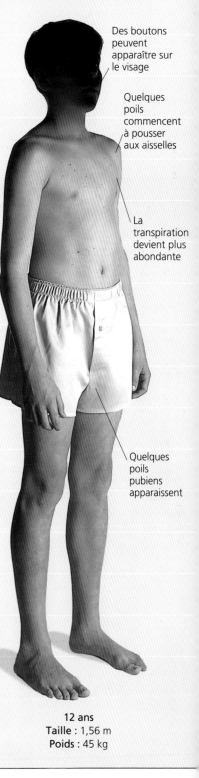

LA CROISSANCE
La stature d'adulte est atteinte vers l'âge de dix-huit ans, et la carrure définitive quelques années plus tard. Si dans une famille, on est plutôt grand, il y a de fortes chances pour

Des boutons peuvent apparaître sur le visage

Quelques poils commencent à pousser aux aisselles

La transpiration devient plus abondante

Quelques poils pubiens apparaissent

12 ans
Taille : 1,56 m
Poids : 45 kg

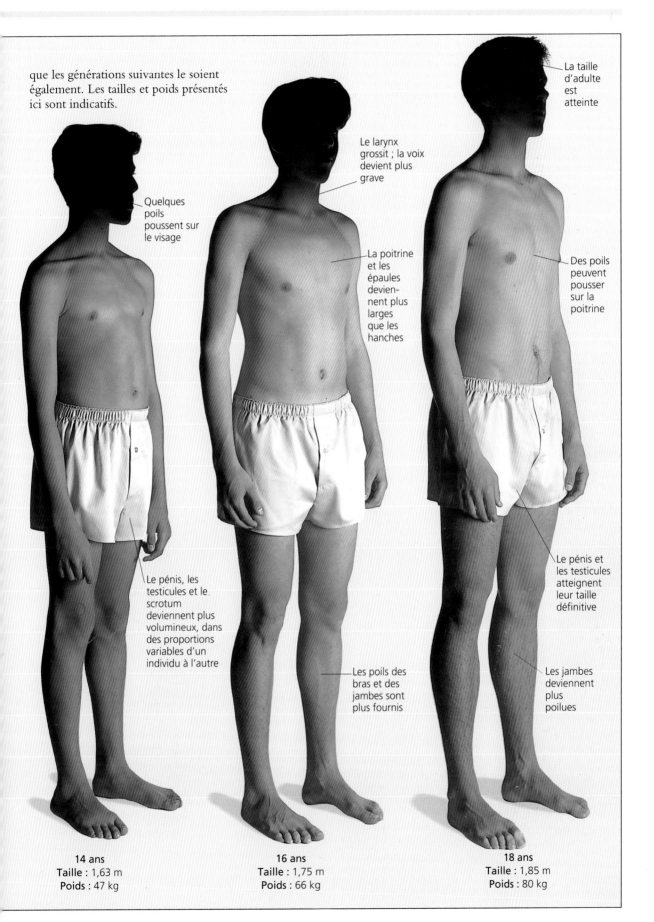

que les générations suivantes le soient également. Les tailles et poids présentés ici sont indicatifs.

La taille d'adulte est atteinte

Quelques poils poussent sur le visage

Le larynx grossit ; la voix devient plus grave

La poitrine et les épaules deviennent plus larges que les hanches

Des poils peuvent pousser sur la poitrine

Le pénis, les testicules et le scrotum deviennent plus volumineux, dans des proportions variables d'un individu à l'autre

Le pénis et les testicules atteignent leur taille définitive

Les poils des bras et des jambes sont plus fournis

Les jambes deviennent plus poilues

14 ans
Taille : 1,63 m
Poids : 47 kg

16 ans
Taille : 1,75 m
Poids : 66 kg

18 ans
Taille : 1,85 m
Poids : 80 kg

Un garçon à la puberté

Pendant cette période, le garçon atteint la maturité sexuelle. Ses organes reproducteurs se développent, et ses testicules commencent à produire des spermatozoïdes. Ces transformations vont se prolonger jusqu'à dix-huit ans et plus.

La puberté est déclenchée par une hormone émise par l'hypophyse. Sous son action, les testicules libèrent l'hormone sexuelle mâle, la testostérone. La puberté commence plus tard chez les garçons que chez les filles, le plus souvent vers l'âge de quatorze ans (mais elle peut survenir avant ou après cet âge). Ce processus est graduel et participe à la transition de l'enfance à l'âge adulte. À l'évolution du corps répondent celles des sentiments et du comportement : c'est l'adolescence (voir pages 30-31).

LES GRANDS CHANGEMENTS

Tout d'abord, les testicules commencent à grossir. Le scrotum (l'enveloppe de peau qui contient les testicules) se développe lui aussi : il pend davantage et se ride. La peau du scrotum devient plus rouge (si l'on a le teint clair) ou plus brune (si l'on a le teint mat) ; en outre, elle s'épaissit. Quelques poils pubiens apparaissent à la jonction du pénis et de l'abdomen ; des poils peuvent également pousser aux aisselles.

Le pénis s'allonge et grossit ; sa peau s'assombrit. Les testicules et le scrotum poursuivent leur croissance. L'un des testicules (souvent le gauche) pend davantage que l'autre. Des petits boutons apparaissent sur la peau du scrotum, voire sur celle du pénis, là où pousseront des poils. Les poils pubiens sont plus épais, plus fournis et plus bouclés. Le corps s'alourdit ; les épaules sont désormais plus larges que les hanches.

La transpiration augmente. Le jeune homme devra se laver plus souvent, et peut-être utiliser des déodorants antisudoraux. L'acné peut apparaître, surtout sur le menton ou le nez.

La peau sécrète davantage de sébum

Les glandes sudoripares deviennent plus actives

Des poils poussent aux aisselles

Quelques poils pubiens apparaissent à la base du pénis

Une poussée de croissance se déclare

LES TRANSFORMATIONS DE LA PUBERTÉ

À CHACUN SA CROISSANCE

Taille : 1,83 m
Poids : 70 kg

Taille : 1,67 m
Poids : 58 kg

Taille : 1,78 m
Poids : 76 kg

Taille : 1,75 m
Poids : 63 kg

RYTHMES DE CROISSANCE

Le rythme des transformations de la puberté est différent pour chaque individu, tout comme la taille de l'âge adulte. Tout adolescent éprouve, à un moment ou un autre, une certaine gêne, se jugeant peu séduisant, trop petit ou moins poilu que ses amis… Ces « complexes », dus aux changements rapides de l'image corporelle, ne durent pas. Les garçons présentés ci-dessus ont entre quinze et seize ans.

QUESTIONS/RÉPONSES

J'ai des boutons. Pourquoi ?
Jonathan, 14 ans

La production de l'hormone mâle, la testostérone, a pour effet d'augmenter la sécrétion de sébum par la peau. Il arrive que les pores en soient obstrués, ce qui entraîne la formation de boutons. Lave-toi soigneusement avec un savon antibactérien, et surtout ne presse pas tes boutons. S'ils se multiplient et s'infectent, tu as de l'acné : consulte alors ton médecin.

Quelle doit être la taille d'un pénis ?
Tous mes amis en ont un plus gros que le mien…
Antoine, 15 ans

Rassure-toi, beaucoup d'hommes ne sont pas satisfaits de leur pénis. Chez l'adulte, il mesure généralement de 8 à 10 cm au repos et de 12 à 18 cm en érection. Et sache que l'épanouissement sexuel d'un couple ne dépend pas de la taille du pénis. Toutes les femmes sont d'accord sur ce point !

Le sexe masculin

L'appareil reproducteur de l'homme ne se limite pas au pénis et aux testicules, seuls visibles à l'extérieur du corps. À l'intérieur de l'organisme se trouve tout un réseau de canaux et de glandes qui jouent un rôle essentiel dans la production et l'acheminement des spermatozoïdes (les cellules sexuelles mâles indispensables à la conception d'un bébé).

De la puberté à la vieillesse, des millions de spermatozoïdes se forment chaque jour dans les testicules, à l'extérieur de la cavité abdominale ; en effet, ils ne pourraient pas se développer à la température du corps. Ils parviennent à maturité en 70 jours environ, dans un ensemble de conduits situés à l'arrière de chaque testicule, l'épididyme. Lors de l'éjaculation, des contractions musculaires les propulsent le long du canal déférent vers la prostate et l'urètre ; ils reçoivent alors les sécrétions des vésicules séminales et de la prostate, qui stimulent leur motilité (capacité à se mouvoir spontanément) et constituent la majeure partie du sperme.

La hampe du pénis contient des tissus érectiles spongieux, qui se gorgent de sang durant l'érection. Le gland est très sensible. Lors de l'éjaculation, les spermatozoïdes circulent dans l'urètre, canal par lequel l'urine est éliminée : des muscles ferment alors l'orifice de sortie de la vessie, afin que l'urine ne se mêle pas au sperme.

L'HORMONE MÂLE

La testostérone, sécrétée par les testicules, est nécessaire à la production des spermatozoïdes. Elle a aussi un effet :

▪ sur la taille et la sensibilité des organes sexuels externes ;

▪ sur la croissance et le développement musculaire ;

▪ sur la pilosité du visage et du corps ;

▪ sur la voix ;

▪ sur l'épaisseur de la peau et la production de sébum ;

▪ sur les pulsions sexuelles, qui en sont stimulées.

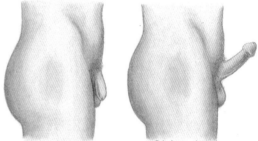

Pénis au repos   Pénis en érection

L'ÉRECTION

Au repos, le pénis est mou ; en érection, son volume augmente et il se dresse dans une position propice au coït. Sa taille varie d'un individu à l'autre ; elle n'a rien à voir avec la virilité, les performances sexuelles ou le plaisir.

LA CIRCONCISION

À la naissance, le gland est protégé par un repli de peau, le prépuce. Il arrive parfois que l'on enlève le prépuce, peu après la naissance (pour des raisons religieuses ou par mesure d'hygiène) ou à un âge ultérieur (s'il est trop serré – *voir page 52*). Cette opération est appelée circoncision. En fait, l'hygiène n'est pas un motif de circoncision suffisant. Laver régulièrement le gland suffit généralement. Par ailleurs, la présence ou l'absence de prépuce n'a aucune influence sur la vie sexuelle.

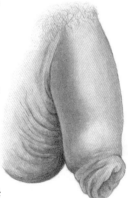

Pénis non circoncis

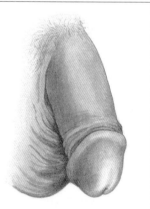

Pénis circoncis

LES ORGANES REPRODUCTEURS DE L'HOMME

Les organes externes sont le pénis et les testicules.
Ces derniers sont contenus dans un sac de peau
situé derrière le pénis, le scrotum (souvent, le
testicule gauche pend un peu plus que le droit).
Lors de l'acte sexuel, le sperme est éjaculé du
pénis dans le vagin de la femme.

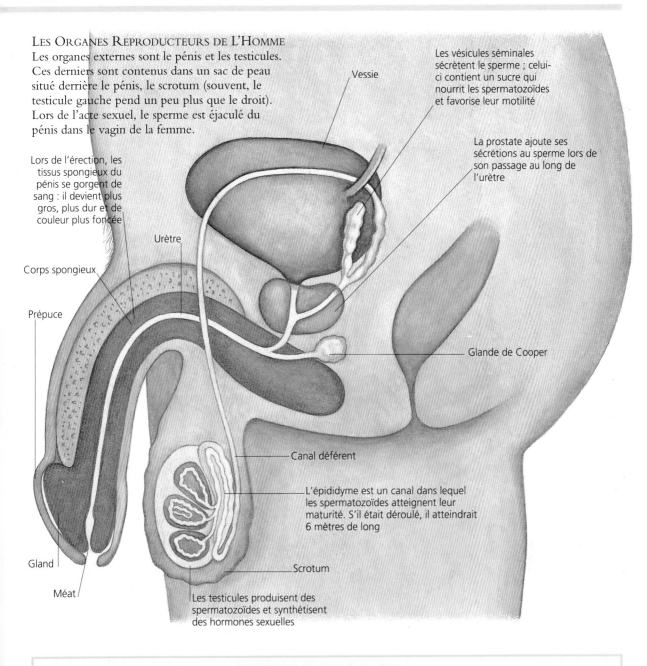

Les vésicules séminales
sécrètent le sperme ; celui-
ci contient un sucre qui
nourrit les spermatozoïdes
et favorise leur motilité

Vessie

La prostate ajoute ses
sécrétions au sperme lors de
son passage au long de
l'urètre

Lors de l'érection, les
tissus spongieux du
pénis se gorgent de
sang : il devient plus
gros, plus dur et de
couleur plus foncée

Urètre

Corps spongieux

Prépuce

Glande de Cooper

Canal déférent

L'épididyme est un canal dans lequel
les spermatozoïdes atteignent leur
maturité. S'il était déroulé, il atteindrait
6 mètres de long

Gland

Scrotum

Méat

Les testicules produisent des
spermatozoïdes et synthétisent
des hormones sexuelles

QUESTIONS/RÉPONSES

**Tous les matins ou presque, je
me réveille en érection : est-ce
normal ?**
Benoît, 14 ans

Oui, et cela arrive à la plupart des
hommes. Les érections se produisent
pendant le sommeil (3 à 4 fois par
nuit en moyenne) et donnent parfois
lieu à une éjaculation dite « pollution
nocturne » *(voir page 27)*. Le matin,
une vessie pleine peut aussi
provoquer une érection.

**Comment se fait-il que j'aie des
érections sans penser à rien,
même pas aux filles ?**
Pascal, 14 ans

La plupart des garçons ont des
érections spontanées, gênantes si
elles se produisent à un moment
inopportun. Dues à l'élévation du
taux de testostérone dans
l'organisme, ces érections diminuent
à la fin de la puberté. Tu peux les
contrôler en apprenant à te relaxer.

**Est-ce que le fait de porter un
jean serré peut rendre stérile ?**
Matthieu, 16 ans

Le port d'un jean serré élève la
température du scrotum, ce qui
nuit, en théorie, au bon
développement des spermatozoïdes.
Cependant, ceux-ci sont produits
en permanence, de sorte que le
port d'un pantalon moulant ne
met pas réellement la fécondité
en danger.

La sensualité

À mesure qu'ils mûrissent, les adolescents prennent conscience de leur sensualité. Leur vie amoureuse dépendra en grande partie de la manière dont ils découvriront cette source de plaisir qui ne se limite pas aux organes sexuels.

QU'EST-CE QUE LA MASTURBATION ?

La masturbation consiste à toucher ou à frotter ses propres organes génitaux ou ceux de son/sa partenaire ; elle conduit fréquemment à l'orgasme, qui est une intense sensation de plaisir. Pour de nombreux adolescents, la masturbation représente la première expérience sexuelle. Cette initiation au plaisir libère les tensions nées des pulsions sexuelles, permet d'explorer son corps et de découvrir les sensations les plus excitantes, connaissance que l'on pourra par la suite partager avec un (ou une) partenaire. Elle permet aussi de comprendre que le plaisir sexuel n'est pas automatique et que des relations satisfaisantes exigent beaucoup d'attention.

Certains enfants se masturbent avec leurs frères, leurs sœurs ou leurs amis, ou encore seuls. Avant la fin de l'adolescence, la majorité d'entre eux se seront déjà masturbés. D'autres n'en auront jamais ressenti le besoin ; c'est tout aussi normal.

COMMENT SE MASTURBE-T-ON ?

Il n'existe pas de technique particulière : chacun fait ce qui lui plaît. La plupart des gens utilisent des fantasmes sexuels *(voir pages suivantes)* pour s'exciter, d'autres des revues ou des films érotiques.

Les filles se caressent habituellement dans la région du clitoris, de plus en plus rapidement, cette stimulation étant très efficace. Quand l'excitation monte, le vagin devient plus humide. Une femme peut avoir plusieurs orgasmes successifs.

La plupart des garçons se tiennent le pénis et effectuent un mouvement de va-et-vient ; certains se frottent simplement le gland de plus en plus rapidement jusqu'à l'orgasme. Ensuite, le pénis redevient mou.

Les « pollutions nocturnes » sont des éjaculations survenant pendant le sommeil des garçons, parfois lors de rêves érotiques. Ainsi, il peut arriver que l'on éjacule pendant le sommeil. Le contact froid du sperme sur la peau provoque le réveil. Un rêve peut avoir pour objet une fille ou un garçon

> " *J'adore qu'on m'embrasse le lobe de l'oreille ; ça me rend folle et me donne des frissons partout.* "
>
> Alicia, 16 ans

QUI SE MASTURBE?

Des études montrent qu'à la fin de l'adolescence, environ 90% des garçons se masturbent. Pour les filles, ce pourcentage varie de 60 à 80% selon les sources.
Les attitudes sociales et l'éducation peuvent expliquer cet écart ; les idées reçues en ce qui concerne la sexualité féminine, ainsi qu'une certaine culpabilité face au plaisir sexuel, tendraient à détourner certaines filles de la masturbation.

qui à l'état de veille ne suscite aucun fantasme sexuel. Tous les garçons n'ont pas de rêves érotiques. De très nombreux adolescents ont par ailleurs des érections spontanées, qui peuvent survenir à tout moment.

Les filles, elles aussi, font souvent des rêves érotiques, qui parfois les mènent à l'orgasme.

MYTHES ET SENTIMENT DE CULPABILITÉ

De nombreux adolescents se sentent coupables de se masturber. Les jeunes enfants éprouvent très tôt du plaisir à toucher leurs organes génitaux. S'ils sont réprimandés sans tact et sans discernement, cela peut entraîner, plus tard, des sentiments de honte et de culpabilité, associés à l'excitation ou au plaisir sexuel. Il est préférable de dire aux enfants que la

> *J'ai eu mon premier orgasme sous la douche. En me savonnant, je me suis rendu compte que c'était très agréable, alors j'ai continué !*
>
> Catherine, 15 ans

> *J'ai des pensées vraiment bizarres quand je me masturbe, mais je ne crois pas que je ferai jamais ce à quoi je pense dans la vie réelle.*
>
> Olivier, 15 ans

LES ZONES ÉROGÈNES

Le corps possède des « capteurs » qui peuvent susciter une excitation sexuelle lorsqu'on les touche. Les parties du corps concernées sont appelées zones érogènes, les organes génitaux étant les plus sensibles aux stimulations.

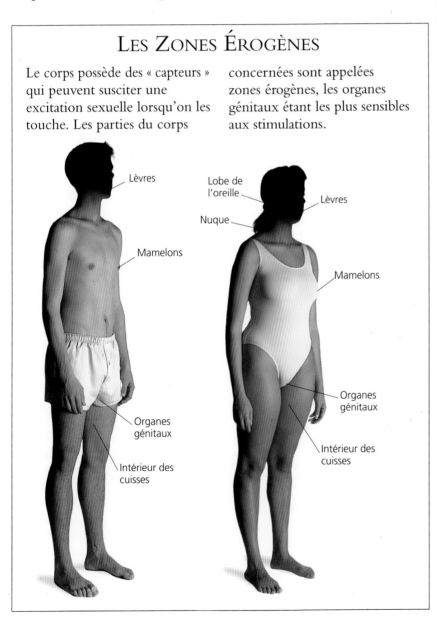

Lèvres

Mamelons

Organes génitaux

Intérieur des cuisses

Lobe de l'oreille

Lèvres

Nuque

Mamelons

Organes génitaux

Intérieur des cuisses

masturbation est un acte naturel mais intime, et qu'il vaut mieux s'en dispenser en société.

Certains parents n'osent pas parler de la masturbation à leurs enfants, ou l'interdisent purement et simplement, reproduisant sans doute l'attitude de leurs propres parents. On croyait autrefois que la masturbation était néfaste pour la santé, et l'on prétendait même qu'elle provoquait la surdité, la cécité, la paralysie et la folie. Les garçons comme les filles étaient punis lorsqu'ils touchaient leurs organes génitaux. Ces craintes se sont révélées totalement fausses mais on entend parfois dire que la masturbation « rend sourd »… Si, aujourd'hui encore, ces mythes subsistent dans certaines couches de la population ; il ne faut en tenir aucun compte.

LES FANTASMES SEXUELS

La plupart des gens ont des fantasmes (des « rêves éveillés »). On peut s'imaginer que l'on est une grande vedette du sport ou de la chanson, ou rêver à toutes ses réussites futures. Cela fait partie du jardin secret de chacun. De même, les fantasmes sexuels sont tout à fait normaux, que se soit pendant la masturbation ou en d'autres occasions. Certains s'inquiètent parce qu'ils s'inventent des rôles qu'ils ne tiendraient jamais dans la vie réelle : ils imaginent, par exemple, qu'ils font l'amour en public, ou avec un partenaire inattendu ou encore se représentent dans la peau d'un voyeur. Or, un fantasme ne devient pas nécessairement réalité – il ajoute tout simplement à la richesse de la vie érotique. Il n'y aucune raison de s'en inquiéter, même si les scénarios semblent « délirants ».

QUESTIONS/RÉPONSES

Mon entraîneur de foot m'a dit que le fait de se masturber 24 heures avant un match diminue les performances. Est-ce vrai ? Philippe, 15 ans

Non. Cette idée est l'un des nombreux mythes qui entourent la masturbation. On croyait autrefois que la masturbation affaiblissait le corps : c'est faux, mais cette croyance a subsisté. Ce que tu fais de ton corps ne concerne que toi.

Est-ce que les adultes se masturbent quand ils sont mariés ? Séverine, 15 ans

Oui. De nombreuses personnes se masturbent, seules ou avec leur partenaire.

Si je n'éjacule jamais, est-ce que le sperme va s'accumuler et faire éclater mes bourses ? Sylvain, 14 ans

Non. Les spermatozoïdes sont stockés un certain temps, puis ils meurent. Leur production est permanente et régulière toute la vie.

On m'a dit que la masturbation modifiait l'aspect de la vulve. Mon médecin va-t-il s'en apercevoir ? Anne-Claire, 17 ans

Non. La masturbation ne modifie en rien tes organes génitaux : personne ne peut savoir quoi que ce soit à ce sujet. De toute façon, ton médecin sait bien évidemment que c'est tout à fait naturel.

RELATIONS ET SENTIMENTS

L'évolution des sentiments

Des amis pour la vie ▪ La vie sociale

Respecter l'autre ▪ Le début d'une relation

Les préférences ▪ Les choix affectifs

L'évolution des sentiments

À l'adolescence, les transformations sont autant psychiques que physiques. Les sensations sont vécues avec intensité, et l'émotivité s'accroît ; heureux un jour, l'on est triste ou irritable le lendemain... C'est une période tumultueuse.

ACCEPTER SA NOUVELLE IMAGE

Les transformations corporelles ne sont pas toujours faciles à accepter. Les cheveux, la silhouette, la peau... tout change. On se sent gauche, moche, mal à l'aise, on a peur de manquer de séduction. Or, nous savons tous que le charme ne repose pas uniquement sur la beauté, que le sens de l'humour ou l'ouverture d'esprit sont tout aussi importants, et que chacun possède des atouts physiques – un beau sourire, des taches de son, un regard vif...

LES AMITIÉS

Les relations amicales s'intensifient. Les copains et les copines prennent davantage d'importance et les amitiés nouées à l'adolescence sont souvent plus durables que celles de l'enfance.

Il est parfois difficile de se lier d'amitié avec un garçon ou une fille en particulier ; on se sent trop timide pour faire le premier pas. Beaucoup de jeunes commencent par s'intégrer à un groupe, les relations individuelles s'installant ensuite naturellement.

INDÉPENDANCE ET CONFLITS

Les relations avec les parents se modifient fréquemment de façon spectaculaire pendant l'adolescence. Même si l'on reste proche de son père et de sa mère, la qualité des échanges n'est plus tout à fait la même. On n'a plus forcément envie de « tout leur dire », et même si l'on ne fait rien d'inavouable, on souhaite préserver son jardin secret. Cette volonté d'indépendance est souvent source de conflits.

Pendant cette période, beaucoup de jeunes ont la sensation que leurs parents attendent trop d'eux, ou encore qu'ils souhaiteraient avoir un enfant différent. Si, plus petits, ils se pliaient tout naturellement au mode de vie familial, ils remettent désormais en cause l'éducation qu'ils ont reçue. Cette attitude d'opposition est normale, mais elle n'est pas

Quand je me regarde dans la glace, je me déteste. Je suis trop grosse et mes cheveux sont moches. Dans la rue, j'ai l'impression que tout le monde me regarde.

Claudia, 16 ans

toujours bien accueillie par les parents souffrant de voir leurs enfants rejeter en bloc les valeurs auxquelles ils sont attachés, pour affirmer (parfois violemment) leur personnalité. L'idéal est, bien sûr, de discuter franchement de ces problèmes mais ce n'est pas toujours possible.

SUJET TABOU

Certains parents acceptent mal de voir leur fille ou leur fils mûrir sexuellement et changent de sujet à chaque fois que l'on parle de « ça ». Quelle qu'ait été leur expérience au même âge, ils ont tendance, lorsqu'il s'agit de leur progéniture, à considérer toute expérience sexuelle comme une source de danger. En occultant ainsi cette part fondamentale du développement de leurs enfants, ils nient leur passage à l'âge adulte. Or, il appartient à chaque jeune, et à lui seul, de décider de sa vie amoureuse, en fonction de ce que lui dictent son corps et ses sentiments. S'il est naturel que des parents s'inquiètent pour leurs enfants, ils ne peuvent en aucun cas leur interdire (et jusqu'à quel âge ?) toute vie sexuelle.

LES FANTASMES

À l'adolescence, les pulsions sexuelles sont parfois si intenses qu'il devient difficile de penser à autre chose. Il est fréquent que le jeune projette ses émotions sur une personne plus ou moins accessible – un professeur, un acteur... –, en sachant qu'il n'existe aucune chance de voir une relation amoureuse se concrétiser. La variété et l'aspect étrange des fantasmes n'ont rien d'anormal : ils sont une production de l'imaginaire inconscient. Il suffit de les accepter sans qu'il soit nécessaire de les réaliser. Ils ne signifient pas que l'on est mûr pour engager une relation sexuelle.

> *Je sais que je ne devrais pas m'inquiéter et la harceler sans cesse, mais tant qu'elle n'est pas rentrée, je n'arrive pas à m'endormir. Depuis quelque temps, elle me téléphone quand elle sait qu'elle rentrera tard, alors je suis un peu plus détendu.*
>
> Hervé,
> père de Stéphanie, 16 ans

QUESTIONS/RÉPONSES

Je corresponds avec une fille que j'ai rencontrée en vacances. Mes parents me posent sans cesse des questions sur elle. Comment leur dire que cela m'ennuie?
Simon, 15 ans

Tes parents semblent avoir des difficultés à admettre que ta vie affective est privée. Peut-être craignent-ils de te voir souffrir et veulent-ils te protéger. Tes sentiments n'appartiennent qu'à toi, et tu n'es pas obligé de les partager si tu ne le veux pas. Fais-leur comprendre gentiment que tu as besoin d'intimité.

J'ai parfois envie d'éclater en sanglots, sans raison véritable. Ma mère appelle ça « mes humeurs », et elle me dit de « réagir ». Mais comment faire ?
Patricia, 14 ans

Il n'est pas si facile de « réagir », ou de « se contrôler », mais tu te sentirais mieux si tu te confiais à quelqu'un. En en discutant avec une amie, tu verras sans doute les choses différemment. Une activité physique ou sportive régulière peut être très équilibrante. N'oublie pas que ces moments de déprime sont passagers.

Des amis pour la vie

Les amitiés de l'enfance sont souvent éphémères. À l'adolescence, les relations se font plus profondes et plus durables. On a souvent envie de passer beaucoup de temps avec ses amis et de partager avec eux ses joies et ses peines.

COMMENT NAÎT L'AMITIÉ

Faire partie d'un groupe d'amis aide à se sentir bien dans sa peau, mais cela fonctionne également dans l'autre sens : les gens apprécient les personnalités épanouies. Personne n'a envie de s'encombrer d'un copain qui critique tout ou qui ne parle que de sa petite personne.

Les amitiés naissent souvent entre camarades de classe, de sport, ou entre voisins. Les gens les plus expansifs ne font pas nécessairement les meilleurs amis. Des individus réservés, voire distants, peuvent surprendre par leurs qualités de cœur – encore faut-il savoir aller vers eux.

Les meilleurs amis sont ceux avec qui l'on peut partager les bonnes et les mauvaises choses de la vie, les joies, les doutes et les secrets dont on n'imaginerait pas pouvoir s'ouvrir à ses parents. Pour qu'une telle relation perdure, il faut savoir accepter l'autre tel qu'il est.

DE L'AMITIÉ AU MIMÉTISME

Beaucoup de jeunes gens veulent ressembler à leurs amis, s'habiller de la même façon, fréquenter les mêmes endroits, etc. Ils placent au-dessus de tout l'opinion de leurs camarades et tirent un grand sentiment de sécurité du fait d'appartenir à un groupe. Il est parfois difficile de résister aux incitations – fumer, boire, prendre de la drogue ou sécher les cours, par exemple... Ainsi, pour « faire comme les copains », certains ont des rapports sexuels sans être réellement prêts pour cela. Bien sûr, personne ne mûrit sans tenter certaines expériences ; mais c'est à chacun d'en choisir la nature et le moment.

Lorsque l'on est soumis à ce type de pressions, il faut savoir qu'une véritable amitié ne peut pas être rompue pour un refus. Les vrais amis respectent mutuellement leurs opinions. Il faut toutefois du courage pour rester sur ses positions, car il est déplaisant de se sentir rejeté. S'exprimer reste la meilleure des solutions. Mais, il est aussi important de savoir reconnaître que l'on s'est trompé de relation. La rupture, dans certains cas, est préférable.

" Avec ma meilleure amie, nous discutons sans arrêt, de tous les sujets. Si l'une d'entre nous ne va pas bien, l'autre est toujours là pour lui remonter le moral. "

Sabrina, 12 ans

LA TIMIDITÉ

Pour combattre la timidité, il faut agir comme si l'on n'était pas timide.
■ Essayez d'avoir l'air sûr de vous. Cela finira par devenir naturel.
■ Regardez la personne à qui vous parlez. Sinon vous donnez l'impression que vous vous ennuyez.
■ Concentrez-vous sur les autres et sur ce qui se passe autour de vous.
■ Traitez les autres comme des grands timides et essayez de les mettre à l'aise.
■ Imaginez votre interlocuteur dans une position incongrue, nu sous la douche, par exemple...

PREMIERS BAISERS

La plupart du temps, les amitiés adolescentes se développent « entre filles » ou « entre garçons ». On peut éprouver une forte attirance pour le sexe opposé tout en se sentant plus à l'aise avec les représentants de son propre sexe. Cela peut aussi être l'inverse ; il n'y a aucune règle !

La mixité favorise pourtant les rencontres. Il arrive alors que l'on « sorte » avec quelqu'un plus pour se prouver que l'on en est capable que par envie véritable. En règle générale, ces relations sont brèves, mais permettent de se forger une expérience. On peut aussi, très tôt, éprouver une forte attirance ou un vif sentiment amoureux, pas toujours partagé par celui ou celle qui en est l'objet... Il faut du temps pour être à même de nouer des relations à la fois intenses et durables.

TOUJOURS TOUT(E) SEUL(E) ?

Pendant l'adolescence, on a parfois l'impression d'être laissé à l'écart alors que tous les autres « s'éclatent ». On croit être le seul (ou la seule) à se sentir inquiet et intimidé dans un groupe ; or, même les personnes les plus solides en apparence éprouvent ces sentiments.

Il faut en outre savoir que l'amitié ne tombe pas du ciel. Si l'on attend toujours que les autres fassent le premier pas, cela risque d'être long. Pour sortir de son isolement, pourquoi ne pas opter pour une démarche active, et s'inscrire dans un club sportif ou culturel, par exemple ?

« Il y a un garçon dans ma classe qui en bave vraiment, parce que sa mère lui achète des vêtements ridicules. J'ai pitié de lui, mais si je lui parle c'est de moi qu'on va se moquer. »

Stéphane, 13 ans

PASSIONS COMMUNES

Les centres d'intérêt communs cimentent une amitié, qu'il s'agisse d'un goût partagé pour la musique, le cinéma, la mode, les livres ou... la fête.

La vie sociale

Lorsque l'on mûrit, il est normal d'avoir envie de passer plus de temps hors de sa famille. Les sorties, les activités et les passions partagées avec des amis marquent le début d'une nouvelle phase de la vie sociale.

JEUX DE RÔLE

Les parents ont en général une idée bien arrêtée de la personnalité de leurs enfants. Il n'est donc pas facile pour un adolescent de s'écarter de sa manière d'être habituelle sans s'attirer des remarques. Or, c'est l'âge où « l'on se cherche », où l'on construit précisément sa personnalité d'adulte, et l'on a souvent envie de s'essayer à de nouveaux rôles. Avec ses amis, il est possible d'afficher des convictions, des goûts ou des comportements nouveaux, quitte à en changer le lendemain, à titre expérimental en quelque sorte. En famille, cela provoque presque inéluctablement des frictions.

ENTRE PARENTS ET AMIS

Certains parents ont tendance à se méfier de l'influence des amis de leurs enfants. Dans la plupart des cas, c'est parce qu'ils les connaissent mal. Le fait d'inviter ses camarades à la maison, de les présenter à ses parents, voire de leur faire partager des repas familiaux dissipe bien souvent ce genre de malentendu. Si décidément le courant ne passe pas, le jeune se trouve placé face à un choix difficile : se conformer au jugement de ses parents ou leur tenir tête en leur demandant de lui faire confiance.

LE TABAC ET L'ALCOOL

L'alcool, les cigarettes, voire la drogue sont présents dans la vie sociale des adolescents. Sans évoquer les graves problèmes posés par les drogues dures (héroïne, LSD, ectasy, cocaïne, crack), nous voudrions ici

> *Tous mes amis fument, mais moi ça me fait tousser et je trouve ça dégoûtant. De plus, c'est beaucoup trop cher.*
>
> Claire, 16 ans

FILLES ET GARÇONS
Au fil de l'adolescence, les groupes deviennent progressivement mixtes, mais certains jeunes préfèrent la compagnie d'amis de leur sexe.

mettre en garde contre les drogues autorisées et potentiellement dangereuses que sont l'alcool et le tabac.

La cigarette peut donner le sentiment d'être plus « adulte », mais le tabac est très dangereux pour la santé car il crée une dépendance : 85% des adolescents qui fument deviennent « accros » de façon permanente. En revanche, on a démontré que si l'on « tient » jusqu'à vingt ans sans fumer, on commence rarement ensuite.

Réussir à maîtriser sa consommation d'alcool n'est pas toujours facile. C'est à la maison, avec ses parents, que l'on doit apprendre à boire avec modération et surtout à connaître ses propres limites. (Les doses qu'il est raisonnable de ne pas dépasser pour un adulte sont d'une vingtaine de verres de vin ou de mesures d'alcool fort par semaine pour un homme, et d'une quinzaine pour une femme.)

L'alcool et la drogue atténuent les inhibitions et diminuent les réflexes. Accidents en tous genres, et actes lourds de conséquences comme des expériences sexuelles non protégées se produisent à la suite d'une perte de contrôle de soi-même.

Mes parents font tellement de chichis avec leurs meubles et leurs bibelots que je ne peux pas inviter mes amis à la maison. Je préfère aller au café ou traîner dans le parc.
Mathieu, 17 ans

QUESTIONS/RÉPONSES

Comment se fait-il que je me sente soûle après deux ou trois verres seulement ?
Karine, 16 ans

Avec la même quantité d'alcool, les filles sont ivres beaucoup plus rapidement que les garçons car leur organisme contient moins d'eau. Prends un repas ou grignote avant de boire – l'ivresse survient plus rapidement lorsque l'estomac est vide. Commence par boire des boissons non alcoolisées pour étancher ta soif. Évite les alcools forts, apprends à dire non et reviens-en aux boissons sans alcool lorsque tu as assez bu.

Pourquoi mon ami est-il si agressif lorsqu'il boit ?
Nathalie, 16 ans

L'alcool modifie le comportement, dans des proportions dont bien souvent ceux qui boivent ne se rendent pas compte : c'est le lendemain qu'ils apprennent de leur entourage ce qu'ils ont fait en état d'ivresse. Dis à ton ami que tu n'aimes pas la facette de sa personnalité qui ressort quand il a trop bu et essayez d'en parler ensemble, lorsqu'il est à jeûn.

Qu'est-il « raisonnable » de boire ?
Olivier, 18 ans

Il est raisonnable de limiter ta consommation d'alcool à deux verres, une ou deux fois par semaine (tout le monde devrait s'efforcer de se ménager des jours « sans »). Une consommation brutale et excessive est toujours dangereuse : elle est à l'origine de nombreux accidents et peut entraîner un coma éthylique.

Il est très difficile d'échapper à la drogue dans les soirées où je vais. Que dois-je faire ?
Emilie, 16 ans

Si tu ne veux pas prendre de drogue (par ailleurs interdite par la loi), refuse. La prise occasionnelle de haschich, si elle n'entraîne généralement pas plus d'effets que l'alcool, peut déboucher sur un état de dépendance psychologique. Les drogues dures, elles, entraînent rapidement une dépendance physique et peuvent modifier la conscience et les perceptions, de manière très prolongée après une seule prise. Certaines, comme le crack et l'héroïne, peuvent d'emblée entraîner la mort par overdose.

Je me suis retrouvée enceinte parce que j'avais tellement bu que n'ai même pas pensé au préservatif. En fait, je ne me souviens pas de grand-chose.
Annette, 16 ans

Respecter l'autre

Nous attendons tous quelque chose des autres. Ces espoirs ne sont pas toujours réalistes. Sans tenir compte de la véritable personnalité de ceux qui nous côtoient, nous leur demandons parfois de se conformer à des stéréotypes.

QU'EST-CE QU'UN STÉRÉOTYPE ?

Un stéréotype est un cliché, une opinion toute faite, qui se caractérise souvent par son inexactitude et son injustice. Il est fréquemment à l'origine de préjugés qui conduisent, par exemple, à considérer un individu en fonction de son sexe, de son apparence physique ou de la couleur de sa peau plutôt qu'en fonction de sa personnalité propre.

UN PETIT MIEUX…

Au cours des trente dernières années, les attitudes sociales se sont profondément transformées. Il est plus facile aux individus des deux sexes de sortir du carcan des rôles traditionnels : certaines filles jouent au football, de nombreuses femmes mènent une carrière professionnelle, les hommes participent davantage aux tâches ménagères...

De la même façon, les règles qui codifiaient les rapports

> " *La première chose que mon père m'ait dite quand je lui ai annoncé que j'étais homosexuel, a été : « Ce n'est pas possible. Tu as toujours fait partie de l'équipe de foot. » Il n'en croyait pas ses oreilles.* "
>
> Marc, 18 ans

BONHEUR CONJUGAL

Autrefois, la plupart des mariages duraient toute la vie, en partie à cause des pressions sociales, en partie parce qu'il était très difficile, voire impossible, de divorcer. Aujourd'hui, près d'un mariage sur trois s'achève en France par un divorce. Cette proportion est même de un sur deux aux États-Unis.

QUESTIONS/RÉPONSES

Mes parents ont décidé de se séparer et vont probablement divorcer. Que puis-je faire ?
Julie, 14 ans

Si tes parents divorcent, tu dois comprendre qu'ils s'efforcent ainsi d'être plus honnêtes avec eux-mêmes et avec leurs proches qu'en restant ensemble. Si l'ambiance était très tendue à la maison, cette séparation peut même être un soulagement pour toi. Mais s'ils sont tellement préoccupés par leurs problèmes qu'ils n'ont pas conscience de tes angoisses, parles-en à tes frères et sœurs (si tu en as) ou à une amie proche. Tu trouveras certainement un réconfort dans des discussions. Reste le plus possible en dehors du conflit qui les concerne, eux et eux-seuls. Ne te pose pas en médiateur, et rappelle-toi que tu n'es

coupable en rien de ce divorce.

Un de mes copains se moque de moi parce que je n'ai pas de père. Comment lui dire de la fermer ?
David, 15 ans

Le couple constitué de deux parents mariés et hétérosexuels est généralement considéré comme « normal », mais le fait d'être un bon père ou une bonne mère n'a rien à voir avec de tels critères. Les couples conventionnels ne font pas nécessairement de bons parents : de telles qualités dépendent de la faculté d'établir une relation d'amour et de confiance avec ses enfants. Dis à ton ami que tu es très heureux avec ta mère et qu'il devrait cesser de juger les gens selon des stéréotypes plutôt que comme des personnes. Au fait, est-ce vraiment un bon copain ?

amoureux sont moins strictes. On admet désormais qu'une fille puisse demander à un garçon de sortir avec elle. Les relations les plus réussies sont d'ailleurs fondées sur l'égalité, hors de tout rôle assigné à l'avance : pour prendre un exemple, si la femme aime à être câlinée et protégée, il en est parfois de même pour l'homme. Nul ne devrait être tenu de se conformer à l'opinion d'autrui.

… MAIS LES PRÉJUGÉS DEMEURENT

Pourtant, certains stéréotypes ont la vie dure : un garçon qui se vante de ses prouesses sexuelles et qui accumule les conquêtes est plutôt bien jugé, alors qu'une fille qui a de nombreuses aventures s'attire souvent le mépris. On semble considérer, en fait, que les filles ne devraient pas avoir de désirs sexuels, ou du moins qu'elles ne devraient pas traduire ces désirs dans les actes. Ce préjugé doit disparaître. Chaque être humain a le droit d'être perçu en tant qu'individu et non en fonction d'idées toutes faites portant sur son sexe, sa race ou sa condition sociale.

« Je suis bien meilleure en maths et en sciences que la plupart des garçons de ma classe, mais j'ai l'impression que je dois me faire toute petite à ce sujet ! »
Aurélie, 14 ans

DES COPAINS PARMI LES AUTRES

Lorsque l'on vit dans un quartier à population multiraciale, on a souvent l'occasion de se faire des amis issus de différentes cultures.

Le début d'une relation

Il arrive que l'on ait envie de mieux connaître quelqu'un, sans vraiment savoir pourquoi. En prenant l'initiative de faire le premier pas, on peut, certes, se voir repoussé, mais qui ne risque rien n'a rien !

UN PARTENAIRE DE RÊVE

La plupart des gens se forgent une image idéale de leur futur partenaire. Or, on s'éprend souvent d'une personne totalement différente, sans avoir toujours ressenti pour elle une attirance immédiate. Une conversation intéressante, le sens de l'humour, des goûts communs en matière de musique ou de mode sont autant de sources de séduction.

STRATÉGIE DE LA SÉDUCTION

Pour faire comprendre à quelqu'un que l'on est amoureux, on peut rechercher sa compagnie, le regarder droit dans les yeux en lui parlant, ou encore établir un contact physique (par exemple, en lui touchant le bras pour attirer son attention). Celui (ou celle) qui fait l'objet de ces manifestations d'intérêt est libre d'y répondre comme il l'entend. Si la séduction est partagée, il sourira en retour, ou soutiendra un regard... Dans le cas contraire, il sera légèrement distant (sans grossièreté).

L'expression verbale reste cependant le meilleur moyen de déclarer ses sentiments et permet d'éviter bien des malentendus. Ainsi, lorsque l'attirance n'est pas réciproque, il vaut mieux se l'entendre dire clairement plutôt que se bercer

> *Je savais qu'il m'aimait, mais il ne disait rien. Alors je suis allée m'asseoir à côté de lui à la cantine, nous avons commencé à parler et après ça tout s'est bien passé.*
>
> Sandrine, 15 ans

L'ATTIRANCE

Il n'y a rien d'accidentel dans le fait que les amoureux aient tendance à se « dévorer du regard ». Lorsque nous regardons quelque chose ou quelqu'un qui nous intéresse ou nous attire, la pupille de l'œil se dilate. L'attirance sexuelle répond à des critères très personnels. Statistiquement, les hommes accordent néanmoins plus d'importance à l'apparence physique que les femmes.

Les pupilles se contractent

Les pupilles se dilatent

d'illusions. Mais clairement ne signifie pas brutalement : il faut toujours un certain courage pour se dévoiler ; garçons et filles doivent avoir à cœur de repousser les avances avec gentillesse.

TOUT EN FINESSE

Vouloir en faire trop et trop tôt est généralement une erreur. Il est impossible de séduire quelqu'un de force. Il faut être attentif aux indices qui prouvent que l'on va trop vite. Le fait d'attirer sans cesse l'attention sur soi ou de débiter des compliments appuyés peut aboutir à l'effet inverse de celui escompté.

Au début d'une relation, il est souvent difficile de résister à l'envie de captiver totalement celui ou celle que l'on aime, d'être en permanence avec lui ou elle. On court alors le risque de devenir envahissant. Il faut savoir être patient et attendre d'être accepté par l'autre.

TROIS, C'EST UN DE TROP !

Cela peut arriver à tout le monde : vous aimez une fille ou un garçon qui sort avec un(e) de vos ami(e)s. Que faire en pareil cas ? Manifester son intérêt ? Demander à son ami(e) si cette relation est vraiment sérieuse ? Il faut alors mettre en balance une amitié peut-être ancienne et une éventuelle relation amoureuse... Autre cas de figure : découvrir que l'on s'intéresse à un(e) ami(e) de la personne avec qui l'on sort. Mieux vaut bien réfléchir avant de révéler ses sentiments. L'un des trois au moins va souffrir, et l'on ne peut dire à l'avance qui sera le plus meurtri.

CONFIANCE ET RESPECT

Quoi de plus merveilleux que de tomber amoureux ? Le cœur battant, l'estomac noué, on ne pense qu'à son ami(e) et aux moments où l'on sera ensemble. On se replie sur le couple, on recherche l'intimité plutôt que de sortir et rencontrer d'autres jeunes (ou le contraire : certains aiment faire partager leur bonheur). Une relation réussie est fondée sur le respect mutuel, sur une bonne communication et sur la confiance. Pour être de bons amoureux, il faut aussi être de bons amis.

Il n'est pas toujours facile de faire la distinction entre un coup de foudre passager et une relation qui est appelée à durer. Les erreurs comme les échecs, les chagrins aussi, sont inévitables : ils forgent notre expérience amoureuse et nous apprennent à bien nous connaître, afin de trouver par la suite le partenaire qui correspondra le mieux à notre personnalité et à nos aspirations.

Pendant une éternité, je n'ai pas osé demander à cette fille de sortir avec moi, parce que j'avais peur qu'elle se moque de moi. Pourtant, elle a dit oui ; en fait, elle attendait que je me déclare. Et moi qui ne m'en doutais pas !

Laurent, 15 ans

Je suis sorti avec une fille pendant quelques semaines. Je croyais que c'était enfin le grand amour ! Et puis, je me suis brusquement rendu compte que je ne voulais plus la voir. Elle est super belle, mais elle n'est pas très intéressante quand on la connaît mieux.

Eric, 16 ans

Les préférences

À l'adolescence, il peut arriver que l'on se sente attiré par un individu du même sexe que soi. Le plus souvent, cette préférence n'est que transitoire. Parfois, elle dure et évolue alors vers une véritable homosexualité.

L'HOMOSEXUALITÉ

Les attirances homosexuelles sont fréquentes à l'adolescence. Le plus souvent, elles se manifestent par une amitié « platonique », parfois par des relations plus passionnées voire physiques, en général sans lendemain. Cela n'empêche pas d'être en même temps attiré par les personnes du sexe opposé. Il faut interpréter ces comportements comme une recherche de sa sexualité adulte : du temps est parfois nécessaire pour que celle-ci se fixe.

POURQUOI EST-ON HOMOSEXUEL ?

Toutes les hypothèses ont été formulées et aucune n'a été prouvée scientifiquement : nul ne sait pourquoi certains d'entre nous sont attirés par les personnes du même sexe, de manière durable et irrépressible. La découverte de sa propre homosexualité se fait, en règle générale très tôt, au début de l'adolescence, mais il faut parfois attendre l'âge de vingt ans ou plus pour qu'elle se confirme.

ACCEPTER SON HOMOSEXUALITÉ

Dans une société qui considère l'hétérosexualité comme la norme, un jeune qui découvre son homosexualité se sent souvent particulièrement isolé. Il doit savoir que ces pratiques sexuelles ont existé de tout temps, et surtout se persuader qu'il n'est pas seul dans son cas. La rencontre d'autres homosexuels permet de rompre un sentiment d'exclusion bien difficile à supporter.

Si les mentalités ont évolué au cours des dernières décennies vis-à-vis des homosexuels, si certains de ces derniers, notamment dans les milieux intellectuels, clament haut et fort leur différence, il demeure de lourds préjugés à leur encontre. Il suffit d'évoquer le terme de « pédé », utilisé comme insulte dans toutes les cours de récréation (et ailleurs !), pour comprendre qu'un adolescent prenant conscience de son homosexualité aura tendance à masquer ses sentiments plutôt qu'à les exhiber.

« Mes parents espéraient me guérir de mon homosexualité ; ils pensaient que ça n'était que le produit de mon imagination. »

Marc, 18 ans

DIALOGUE
Lorsque l'on a accepté ses propres sentiments, on découvre que d'autres éprouvent les mêmes.

Or, il ne s'agit là ni d'une maladie, ni d'une perversion ; on n'est pas plus responsable de ses préférences sexuelles que de la couleur de ses cheveux ou de la longueur de son nez. Au lieu de se cacher en cultivant sa « honte », ce qui aboutit bien souvent à une profonde détresse émotionnelle, le jeune homosexuel doit trouver le courage de dire la vérité à ceux qui comptent vraiment pour lui.

PARLER À SES PARENTS

Tout homosexuel est amené à prendre une décision difficile : en parler ou non à ses parents. Cette révélation peut les surprendre et les bouleverser, mais il est aussi possible qu'ils s'en doutent déjà... Il leur faudra peut-être du temps pour s'habituer à cette idée. Certains parents acceptent d'emblée leur enfant tel qu'il est ; ils savent pourtant que la vie de leur fils ou de leur fille sera plus difficile que celle d'un hétérosexuel, car elle se situera de fait « en marge » des conventions (davantage d'ailleurs pour un garçon, les couples homosexuels féminins étant mieux tolérés). Pour d'autres, une relation n'est satisfaisante que lorsqu'elle aboutit à un mariage et à la naissance d'enfants... Le choc risque d'être violent. À chacun, connaissant ses parents, d'établir ou non un dialogue avec eux à ce sujet.

L'essentiel est de s'inscrire dans sa propre histoire, en fonction de ses propres désirs et non ceux de ses parents. Devenir adulte, c'est se détacher affectivement du jugement que les parents portent sur soi. Une rupture transitoire est parfois nécessaire : c'est une façon de signifier son indépendance et sa détermination. L'entourage extra-familial, les amis, représentent un soutien qui, dans ces circonstances, n'est pas à négliger.

ENSEMBLE
Qu'ils soient « homos » ou « hétéros », la plupart des jeunes recherchent une relation fondée sur l'amour, le respect et la confiance.

Quand j'ai appelé la permanence téléphonique, j'ai réalisé que c'était la première fois que je parlais à une lesbienne. Je me suis vraiment sentie libérée.

Carole, 16 ans

QUESTIONS/RÉPONSES

Que font les gays et les lesbiennes ?
Sylvie, 16 ans

Les homosexuels ont une vie amoureuse et sexuelle comme tout le monde. À l'instar des hétérosexuels, ils ont envie d'être proches l'un de l'autre, de s'embrasser, de faire l'amour. Leur sexualité s'exprime par la masturbation réciproque et les relations sexuelles orales ou anales.

Est-il vrai que les homosexuels agressent les petits garçons ?
Patrick, 14 ans

Ils ne s'attaquent pas plus aux petits garçons que les hétérosexuels aux petites filles. Homosexuels ou hétérosexuels, les adultes normaux recherchent des partenaires adultes. On fait souvent une confusion entre homosexuels et pédophiles. Ces derniers sont attirés sexuellement par les enfants.

LA LOI

En France, la loi n'établit pas de distinction entre les relations homosexuelles et hétérosexuelles. Si les relations sexuelles sont autorisées à partir de 15 ans, des parents peuvent porter plainte contre le partenaire majeur pour détournement de mineur. Cela nécessite toutefois un fait matériel précis (rapt, preuve de l'acte sexuel...).

Les choix affectifs

L'amour est une chose merveilleuse, qui apporte des émotions et des sensations jusque-là inconnues (on tremble en entendant la voix de la personne aimée au téléphone, par exemple). Mais il faut du temps pour construire une relation.

PREMIÈRES LIAISONS

Dans les premiers temps, on idéalise parfois son (ou sa) partenaire. Puis on le voit tel qu'il est réellement. Si les liens amoureux ne sont fondés que sur l'attirance physique, l'un des deux partenaires va probablement se lasser plus ou moins rapidement ; un coup de foudre n'est pas forcément le gage d'une relation durable.

Construire une relation exige des efforts et de l'expérience : voilà pourquoi les premières amours sont souvent brèves. Les ruptures peuvent être très pénibles, mais elles sont d'une certaine manière formatrices. Ces échecs préparent la relation qui, un jour durera.

À L'ÉCOUTE DE L'AUTRE

Lorsque l'on sort avec une personne que l'on aime, on est attentif au moindre de ses mots, à la moindre de ses attitudes. Mais il ne faut pas être trop vulnérable. Si l'on ne comprend pas une réaction de l'autre, mieux vaut lui demander ce qui ne va pas plutôt que de prendre la mouche ou de bouder. Il est très important d'apprendre à communiquer, à exprimer ce que l'on souhaite et à découvrir quels sont les besoins de son partenaire.

PRÉCOCITÉ

À l'adolescence, il arrive que les garçons et les filles ne soient pas sur la même longueur d'ondes : les filles mûrissent plus rapidement et un garçon de quinze ans peut paraître très puéril face à une amie du même âge. C'est pourquoi les filles s'intéressent souvent aux jeunes gens plus âgés, ce qui les expose à se voir proposer des rapports sexuels plus précoces qu'elles ne le souhaiteraient.

JUSQU'OÙ ALLER ?

Les films d'amour et les romans sentimentaux semblent indiquer qu'une relation ne peut mener qu'à un endroit : le lit. Or, il revient à chacun et à chacune de décider de la voie à emprunter, sans oublier que l'on peut s'arrêter à tout moment.

« Nous nous aimons vraiment, mais j'ai le sentiment d'avoir rencontré la bonne personne au mauvais moment. J'aimerais bien pouvoir « geler » tout ça pendant cinq ans. »

Corinne, 16 ans

DIRE NON

Le fait de savoir dire non lorsque l'on cherche à vous inciter à avoir un rapport sexuel sans que vous le souhaitiez est important.

■ Le langage corporel doit faire apparaître sans équivoque votre refus. Redressez-vous, reculez légèrement, en maintenant une certaine distance.

■ Ne cédez pas aux pressions qui tentent d'instaurer une menace d'exclusion : « Si tu ne fais pas l'amour avec moi, tu vas être la seule vierge de la bande. »

■ Apprenez à dire non dans d'autres circonstances, à chaque fois que l'on veut vous contraindre à accepter une situation.

On peut très bien désirer ne pas aller jusqu'au rapport sexuel, ou ne pas le souhaiter pour des raisons religieuses, culturelles ou personnelles. Il ne faut pas jamais craindre de faire respecter son point de vue.

Il est fréquent d'éprouver de l'amitié ou même de l'amour pour quelqu'un, sans pour autant désirer davantage que des baisers ou des câlins, et ces sentiments peuvent fort bien être partagés. Il est donc possible d'établir des relations d'amour sans avoir de rapports sexuels. Le plus important est de signifier clairement ses désirs, et de faire son choix après mûre réflexion. Si vous ne savez pas ce que vous voulez, dites-le. Vous avez le droit de prendre vos décisions sans céder aux pressions : nul ne doit vous forcer à des rapports avec pénétration si vous ne les souhaitez pas. Lorsque l'on aime, on respecte, on est à l'écoute. On ne force l'autre en rien.

LE BON MOMENT, LE BON PARTENAIRE

Lorsque l'on atteint l'âge de la majorité (la loi autorise les relations sexuelles à partir de 15 ans en France), on peut pratiquer l'acte sexuel en toute légalité. Cela ne signifie pas que cela soit obligatoire : cet âge est même parfois trop précoce pour certains. Si, à dix-huit ans, on est suffisamment mûr physiquement pour faire l'amour et avoir un enfant, on est rarement prêt affectivement pour affronter les responsabilités qu'implique une relation durable accompagnée de rapports sexuels.

Certes, il est difficile d'avouer sa virginité quand autour de soi tout le monde semble avoir des rapports sexuels... Il ne faut cependant pas croire tout ce qui se dit : les statistiques indiquent qu'à l'âge de dix-sept ans, un peu moins de la moitié des garçons et environ un tiers de filles ont eu une expérience sexuelle... Si vous éprouvez des doutes, ou si vous ressentez le besoin d'obtenir des conseils (*voir pages 92-93*), c'est que vous n'êtes sans doute pas encore prêt(e) à faire l'amour, même si votre partenaire vous y incite.

Dans tous les cas, il faut se préparer à l'acte sexuel et se protéger tant d'une grossesse non désirée que du Sida et des autres MST. Les statistiques (encore elles) montrent que les expériences sexuelles précoces sont fréquemment inopinées et

CHAGRIN D'AMOUR
Le chagrin est d'autant plus profond que l'on ne comprend pas quelle est la raison d'une rupture. Il vaut mieux dire les choses clairement plutôt que de continuer à espérer. Notre amour-propre est blessé. On se sent dévalorisé. Il faut savoir accepter l'échec... cela peut être utile pour l'avenir.

QUAND DIRE NON
Si vous envisagez d'avoir des rapports sexuels pour l'une des raisons suivantes, mieux vaut dire non.
- Pour prouver votre amour ou pour avoir une preuve d'amour.
- Pour prouver que vous en êtes capable.
- Pour satisfaire votre curiosité.
- Parce que vous avez peur de perdre votre ami(e) si vous refusez.
- Parce que vous avez bu ou pris de la drogue.
- Parce que vous pensez qu'il vous est impossible de faire marche arrière.

Ma mère m'a conseillé de prendre la pilule quand elle a vu que c'était sérieux avec Antoine. Elle a voulu bien faire, mais je suis assez grande pour décider seule du moment où je voudrai coucher avec un garçon.
Laure, 17 ans

J'ai cru que je ne m'en remettrais jamais, mais ma copine m'a convaincue de l'accompagner à une soirée, et j'ai rencontré Alain… Je ne pensais pas que je pourrais à nouveau me sentir aussi bien.

Mélanie, 16 ans

non protégées. Il serait dommage de gâcher cette « première fois », considérée un peu comme un rite initiatique, par des conséquences parfois dramatiques.

LES SENTIMENTS CHANGENT

Les relations amoureuses ne sont pas immuables. L'un des deux partenaires voudrait « se fixer », alors que l'autre souhaite continuer à sortir avec d'autres personnes ? La question qui se pose est de savoir s'il faut poursuivre une relation de ce genre, ou si c'est trop pénible.

Il est toujours douloureux de se rendre compte que l'autre n'est pas aussi engagé que soi, comme il est désagréable de s'apercevoir que l'on n'est plus vraiment amoureux. Il faut du courage pour rompre quelles que soient les relations et les sentiments qu'on éprouve pour l'autre. En aucun cas, le passage à l'acte sexuel ne peut sauver une relation qui touche à sa fin, pas plus qu'il n'empêche le partenaire de vivre d'autres aventures.

LA RUPTURE EN DOUCEUR

Une rupture est toujours un moment difficile. On pense souvent ne plus jamais connaître le bonheur et l'amour. Pourtant, la joie de vivre finit par revenir, même si cela prend des semaines ou des mois. Il est utile de parler, de se confier à de véritables amis. Mieux vaut ne pas nourrir d'espoirs irréalistes, qui ne feraient qu'accroître le chagrin, et tirer un trait définitif. Il est alors possible de repartir d'un bon pied, certes un peu meurtri, mais plus fort et plus sage.

L'ÂGE DU CONSENTEMENT

L'âge du consentement varie selon les pays : il est fixé en France à quinze ans révolus pour les jeunes filles et dix-huit ans pour les garçons. Dans certains pays, cet âge est différent selon qu'il s'agit de relations hétérosexuelles ou de relations homosexuelles (voir page 41).

QUESTIONS/RÉPONSES

Mes copains me conseillent de me méfier d'une fille que j'aime bien, parce qu'elle s'est mal conduite avec son précédent flirt.
Que dois-je faire ?
Martin, 16 ans

La façon dont les gens se sont comportés dans leurs relations précédentes peut fournir une indication sur leur personnalité, mais surtout poussent aux « a priori ». A chacun son passé. Personne ne peut juger (sauf la justice quand la loi a été violée). Les jugements des autres ne sont pas toujours neutres. Fais-toi ta propre opinion.

Nous sommes ensemble depuis six mois et nous nous entendons très bien, et pourtant nous n'avons pas grand-chose en commun. Est-ce que c'est gênant ?
Florence, 16 ans

Il n'est pas nécessaire de t'inquiéter parce que vous n'avez pas les mêmes centres d'intérêt. Une similitude de personnalités, de milieux ou d'intérêts est un « plus » dans une relation, mais ne constitue pas forcément l'essentiel. L'important est d'apprécier la compagnie de l'autre. En fait, ce sont probablement vos différences qui vous attirent. Elles sont une richesse à partager.

Les Relations Sexuelles

Les rapports sexuels

La première fois

Le plaisir

Les problèmes sexuels

Les rapports sexuels

Les relations sexuelles aboutissent généralement (mais pas toujours) à l'acte sexuel, ou coït, dont la fonction biologique est la reproduction de l'espèce. Elles constituent une source de plaisir et d'échanges intenses entre deux êtres.

LES PRÉLIMINAIRES

Les deux partenaires se caressent et s'embrassent. Les attouchements portent sur les zones les plus sensibles du corps, dites zones érogènes et variables selon les individus : le ventre, l'intérieur des cuisses, les fesses, les mamelons et les organes génitaux externes. L'odeur corporelle éveille l'excitation sexuelle.

Au cours des préliminaires, les sens envoient des messages en direction du cerveau, qui à son tour transmet des signaux aux organes génitaux et aux zones érogènes, qu'il prépare pour l'acte sexuel. L'excitation peut également s'éveiller à la simple vue du corps de l'autre et à l'idée même de faire l'amour.

L'EXCITATION SEXUELLE

L'excitation sexuelle s'accompagne d'une accélération des rythmes cardiaque et respiratoire et d'un accroissement de la sensibilité de tout le corps. Chez l'homme, elle provoque un afflux de sang dans le pénis, qui augmente de volume, durcit, se dresse et prend une teinte plus foncée. À mesure que l'excitation s'accentue, le pénis atteint sa longueur et sa

" Nous consacrons davantage de temps aux préliminaires maintenant, et nous avons tous deux de meilleurs orgasmes, plus intenses. "
Hugues, 18 ans

" Je suis vraiment excitée pendant l'amour : ça me fait battre le cœur à toute vitesse. C'est un meilleur exercice que la gym ! "
Léonie, 17 ans

QUESTIONS/RÉPONSES

Quelle doit être la fréquence des rapports sexuels ?
Zoé, 16 ans

Il n'y pas de règle ; fais l'amour quand tu en as envie.

Combien de temps faut-il consacrer aux préliminaires ?
Baptiste, 17 ans

Les préliminaires doivent être assez longs pour que les deux partenaires soient suffisamment excités. Les hommes oublient parfois que l'excitation féminine est plus progressive. De nombreuses femmes et certains hommes considèrent que les préliminaires sont trop brefs (de 5 à 10 mn), et qu'ils devraient durer 30 mn ou plus.

Une amie m'a dit qu'il n'y avait pas de plaisir sans pénétration. Est-ce vrai ?
Delphine, 16 ans

On peut très bien faire l'amour sans terminer par une pénétration ; certains couples s'excitent par d'autres moyens pour parvenir à l'orgasme *(voir page 48)*. Ces pratiques ont l'avantage de minimiser les risques de MST et de Sida.

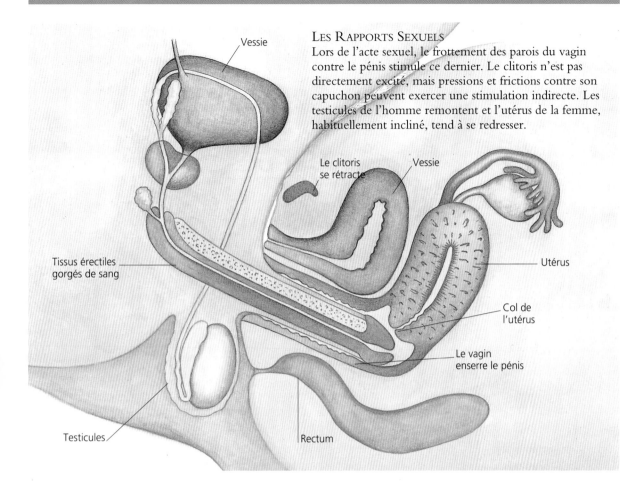

Vessie

LES RAPPORTS SEXUELS
Lors de l'acte sexuel, le frottement des parois du vagin contre le pénis stimule ce dernier. Le clitoris n'est pas directement excité, mais pressions et frictions contre son capuchon peuvent exercer une stimulation indirecte. Les testicules de l'homme remontent et l'utérus de la femme, habituellement incliné, tend à se redresser.

Le clitoris se rétracte

Vessie

Tissus érectiles gorgés de sang

Utérus

Col de l'utérus

Le vagin enserre le pénis

Testicules

Rectum

grosseur maximales. Chez la femme, le sang afflue vers la vulve et le vagin. Ce dernier se dilate et sécrète un liquide lubrifiant. Lorsque l'excitation monte, le clitoris grossit et se durcit légèrement, les grandes lèvres gonflent et deviennent plus sombres. Juste avant l'orgasme, le clitoris se rétracte.

L'ACTE SEXUEL ET L'ORGASME

Lorsque les deux partenaires sont excités, ils sont prêts pour la pénétration, bien qu'il existe d'autres façons de parvenir à l'orgasme, succession de vagues de plaisir irradiant dans tout le corps *(voir page 51)*. L'homme et la femme n'atteignent pas nécessairement l'orgasme au même moment. Chez l'homme, l'orgasme coïncide avec l'éjaculation et est directement lié à la stimulation de la verge. Chez la femme, il existe une bipolarité orgasmique, un double pôle déclenchant : le clitoris et le vagin, principalement dans son tiers inférieur. La stimulation clitoridienne est très importante : certaines femmes ne ressentent pas d'orgasmes si le clitoris n'est pas suffisamment stimulé. En revanche, certaines peuvent connaître plusieurs orgasmes successifs. Après l'éjaculation, le pénis devient mou et l'excitation de l'homme disparaît. Chez la femme, le « retour au calme » est plus graduel.

Lorsque mon ami jouit, il s'arrête de respirer pendant quelques secondes, puis il émet un son étouffé et il se met à haleter comme s'il venait de courir le marathon. La première fois, j'ai cru qu'il avait un malaise !

Juliette, 18 ans

La première fois

On oublie rarement sa première expérience sexuelle. Merveilleuse ? Désastreuse ? Entre les deux ? Il est rare d'atteindre la perfection dès la première fois, mais on augmente ses chances de réussite en s'y préparant.

SE PROTÉGER

Lorsque l'on prend la décision de faire l'amour, il est très important d'évoquer la question de la contraception et celle de la protection contre le Sida. L'unique réponse à ces deux questions est l'usage du préservatif masculin (ou capote). Toute autre alternative comporte un risque plus ou moins grand, mais réel, de contracter le Sida ; ceci, quelle que soit la confiance que l'on a envers le partenaire... Dans un nombre non négligeable de cas, le virus du Sida a été contracté lors des premiers rapports sexuels : les adolescents doivent en être conscients ! Les préservatifs sont disponibles dans toutes les pharmacies et dans certains distributeurs automatiques. Lorsque la relation amoureuse se stabilise, il est possible d'envisager d'autres moyens de contraception, nécessitant la prescription d'un médecin (voir page 54).

PRENDRE SON TEMPS

La nécessité de « faire vite », la peur d'être dérangés, conduisent souvent au fiasco. La première fois, mieux vaut disposer d'un lieu plus confortable que la banquette arrière d'une voiture ! Si la plupart des jeunes veulent que cela « se passe bien », ils n'ont qu'une vague idée de ce que « bien » signifie. Il leur faut prendre le temps d'apprendre le plaisir, sans brûler les étapes et se méfier des idées reçues véhiculées par les films ou magazines sur ce qui est « bien ».

À L'ÉCOUTE L'UN DE L'AUTRE

La mécanique sexuelle est souvent capricieuse chez les garçons, surtout lors des premiers rapports. La seule idée de faire l'amour ou la vue du corps de la partenaire peut provoquer chez certains une éjaculation précoce (avant la pénétration). Parfois, la nervosité a, au contraire, pour effet d'empêcher une érection. Prendre le temps de se caresser de découvrir le corps de l'autre, ses zones sensibles, ses préférences ; apprendre à connaître ses réactions permet généralement d'éviter ces problèmes.

À l'inverse, les femmes ont souvent besoin de plus de temps pour parvenir au degré d'excitation suffisant. Lorsque

" *Quand nous l'avons fait la première fois, je n'ai pas tellement aimé les rapports proprement dits. Ce qui m'a plu, c'était de pouvoir me serrer contre lui toute la nuit.* "

Joanna, 17 ans

ATTENTION !

Sans contraception, vous risquez une grossesse, même si :

▪ C'est la première fois.
▪ Votre ami se retire avant d'éjaculer (des spermatozoïdes peuvent passer dans le liquide séminal).
▪ Votre ami met un préservatif juste avant l'éjaculation.
▪ Vos règles viennent de s'achever.
▪ Vous n'avez jamais eu vos règles.
▪ Vous vous lavez le vagin après les rapports sexuels.

les préliminaires sont trop courts, le vagin demeure serré et sec. Si l'homme fait preuve de patience et demande à sa partenaire ce qu'elle souhaite, si elle est alors capable de le lui montrer ou le lui dire, de tels problèmes peuvent être évités. Une lubrification insuffisante du vagin rend, en effet, l'acte sexuel douloureux et l'orgasme difficile à atteindre. Parfois, malgré des préliminaires attentionnés, le vagin reste sec ; il est alors possible d'utiliser un gel à base d'eau (vendu en pharmacie). Les lubrifiants à base de dérivés du pétrole endommagent les préservatifs.

EST-CE DOULOUREUX ?

Certaines filles éprouvent des douleurs lors de leurs premiers rapports sexuels. Cela peut être dû à la rupture de l'hymen, mais aussi à un relâchement insuffisant des muscles du vagin : il leur faudra alors prendre le temps de se détendre. La rupture de l'hymen n'entraîne pas systématiquement un saignement, l'orifice pouvant être étiré par la pratique sportive ou par l'usage des tampons périodiques.

APPRENDRE LE PLAISIR

Il faut du temps pour apprendre à connaître le corps de l'autre et à être bien ensemble. Une bonne communication entre des partenaires attentifs à leurs désirs respectifs est indispensable. Le jeune homme, notamment, doit veiller à ne pas pénétrer trop violemment sa partenaire. Si la plupart des hommes ont un orgasme lors de leur premier rapport sexuel, c'est rarement le cas pour la majorité des femmes.

> *« J'ai décidé d'attendre d'avoir 18 ans pour faire l'amour la première fois ; avant ça, je ne me sentais pas prêt. »*
> Pierre, 18 ans

> *« La première fois que j'ai essayé de mettre une capote, j'ai éjaculé ; par la suite, je me suis calmé ! »*
> Paul, 16 ans

QUESTIONS/RÉPONSES

Dans les films, les héroïnes semblent toujours atteindre l'orgasme, même la première fois. Pour ma part, j'attendais un feu d'artifice, mais j'ai été déçue...
Camille, 16 ans

Les films ne reflètent pas toujours la réalité. Beaucoup de jeunes filles ne ressentent pas grand-chose la première fois qu'elles font l'amour. Tu dois faire preuve de patience ; vous trouverez progressivement les gestes qui vous procureront le plus de plaisir. Certaines femmes ne jouissent pendant l'acte sexuel que si leur clitoris est simultanément stimulé.

J'ai fait l'amour pour la première fois avec mon amie, et j'avais vraiment envie de la voir nue, mais elle a refusé. Je ne comprends pas son attitude.
Laurent, 17 ans

L'idée de voir ta partenaire nue est très excitante pour toi, mais si ton amie refuse, c'est qu'elle n'est pas encore prête pour cela. Avec le temps, lorsqu'elle se sera habituée à toi, elle se montrera plus détendue, acceptera probablement plus volontiers que tu la regardes nue, avant comme pendant l'amour, et elle te regardera certainement en retour avec plaisir.

Le plaisir

Une sexualité épanouie repose sur une bonne communication car faire l'amour, c'est à la fois donner et recevoir du plaisir. Aussi, chaque partenaire doit-il être capable d'indiquer à l'autre ce qu'il aime et ce qu'il n'aime pas.

ATTEINDRE L'ORGASME

Il arrive que les deux partenaires parviennent ensemble à l'orgasme, mais ce n'est ni une règle ni une obligation. Le premier qui jouit peut continuer à stimuler l'autre. Bien que l'orgasme soit très important dans les rapports sexuels, il y a d'autres sources de plaisir.

UN PEU DE FANTAISIE

Il est fort agréable d'expérimenter de nouvelles manières de faire l'amour, à condition que les deux partenaires soient consentants. Ainsi l'acte sexuel avec pénétration n'est pas l'unique façon d'atteindre l'orgasme, les préliminaires peuvent être poursuivis jusqu'à l'orgasme. Cette solution présente l'avantage de supprimer (ou presque) les risques de grossesse *(voir page 70)* ou de transmission d'infections *(voir pages 80-83)*, et peut être adoptée par les adolescents qui préfèrent attendre avant de pousser leurs relations sexuelles jusqu'à la pénétration.

LES POSITIONS

Certains couples font toujours l'amour de la même manière,

" Nous avons décidé d'essayer différentes positions. Une fois, je suis tombé du lit, mais à part ça, nous y avons pris beaucoup de plaisir. "

Guillaume, 17 ans

LE COÏT ANAL

Lors du coït anal (ou sodomie), le pénis pénètre dans l'anus. Cette pratique s'accompagne d'un risque élevé d'infections, y compris par le virus du Sida si le partenaire est infecté *(voir pages 84-85)*. Il est donc primordial de se protéger avec un préservatif.

QUESTIONS/RÉPONSES

J'ai des orgasmes en me masturbant, mais jamais avec la pénétration. Suis-je normale ?
Sonia, 17 ans

Il ne suffit pas à un homme de pénétrer une femme et de s'activer pendant suffisamment longtemps pour qu'elle parvienne à l'orgasme ; en réalité, il est rare que l'orgasme intervienne sans une stimulation du clitoris. Ton ami (ou toi-même) pourrait caresser ton clitoris pendant la pénétration. Il ne faut cependant pas considérer l'orgasme comme un but à atteindre absolument à chaque rapport sexuel.

Mon ami veut m'attacher quand nous faisons l'amour, mais je n'en ai pas vraiment envie. Que dois-je faire ?
Alexa, 17 ans

La sexualité est faite d'actes volontaires : on ne doit jamais te forcer à faire ce qui te déplaît. Ce que ton ami veut t'imposer porte le nom de *bondage* ; certains apprécient, d'autres non. Te voir dans une position de soumission l'excite sûrement mais si cela n'est pas agréable pour toi, tu n'y es en aucun cas obligée : refuse avec fermeté.

d'autres apprécient la variété. Les nombreuses positions se divisent en deux catégories : les partenaires peuvent être face à face ou l'un derrière l'autre. Dans le premier cas, ils peuvent se voir, se toucher et s'exciter mutuellement. Dans la position la plus classique, l'homme est couché sur la femme, ce qui n'est pas nécessairement satisfaisant pour cette dernière, car son clitoris n'est guère stimulé. Les partenaires peuvent également être étendus sur le côté, assis ou debout. Le choix se portera d'un commun accord sur la position la plus confortable.

Si l'homme pénètre la femme par derrière, il lui est facile de stimuler ses seins et son clitoris. Dans la position « en levrette », la femme se tient sur les mains et les genoux, l'homme s'agenouille derrière elle. Les partenaires peuvent aussi être debout ou étendus sur le côté.

LES CARESSES BUCCALES

Les caresses buccales consistent à stimuler les organes génitaux du partenaire avec les lèvres et la langue. Cette pratique peut être prolongée jusqu'à l'orgasme. La stimulation bucco-linguale du clitoris est appelée cunnilinctus (ou cunnilingus), celle du pénis reçoit le nom de fellation (à terme, la femme peut faire éjaculer l'homme dans sa bouche). Attention, ces pratiques suppriment le risque de grossesse, mais elles comportent tout de même certains dangers : des infections, dont le Sida, peuvent être transmises *(voir page 84)*.

Je prends la pilule, mais je demande quand même à mon ami de mettre un préservatif : pas de risque d'infection !
Élodie, 17 ans

DEUX POSITIONS

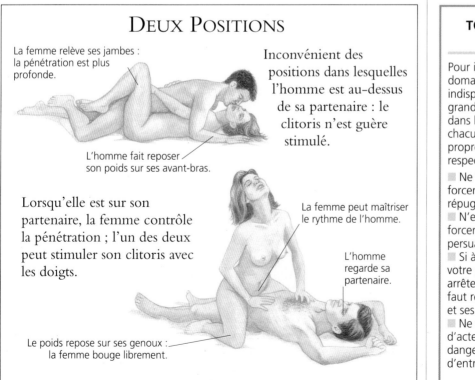

La femme relève ses jambes : la pénétration est plus profonde.

L'homme fait reposer son poids sur ses avant-bras.

Inconvénient des positions dans lesquelles l'homme est au-dessus de sa partenaire : le clitoris n'est guère stimulé.

Lorsqu'elle est sur son partenaire, la femme contrôle la pénétration ; l'un des deux peut stimuler son clitoris avec les doigts.

La femme peut maîtriser le rythme de l'homme.

L'homme regarde sa partenaire.

Le poids repose sur ses genoux : la femme bouge librement.

TOUJOURS PLUS LOIN ?

Pour innover dans le domaine sexuel, il est indispensable qu'une grande confiance existe dans le couple et que chacun connaisse bien ses propres désirs, dans le respect de ceux de l'autre.

■ Ne vous laissez jamais forcer à un geste qui vous répugne.
■ N'essayez jamais de forcer l'autre, même par la persuasion.
■ Si à un moment donné votre partenaire veut arrêter « l'expérience », il faut respecter son souhait et ses sentiments.
■ Ne commettez jamais d'actes physiquement dangereux pour l'un d'entre vous.

Les problèmes sexuels

À tout âge, il arrive que l'on connaisse quelques difficultés dans le domaine sexuel. Faire l'amour est un partage et non une épreuve sportive : un couple qui entretient de bonnes relations pourra surmonter la plupart des problèmes.

LA CAUSE DES PROBLÈMES

Les problèmes qu'un adolescent peut rencontrer sont parfois dus à l'inexpérience : avec le temps, ils ont toutes les chances de disparaître. Souvent, les difficultés sont causées par l'anxiété et en particulier par la crainte de ne pas être « à la hauteur », par un sentiment de culpabilité, ou par le souvenir de mauvaises expériences antérieures. Si les problèmes perdurent, le jeune doit en parler à un médecin qui pourra l'orienter vers un psychologue.

PROBLÈMES D'ÉRECTION

La plupart des hommes connaissent, à un moment ou un autre, l'impossibilité d'obtenir une érection ou de maintenir celle-ci, en raison de la fatigue, de l'anxiété ou d'une consommation abusive d'alcool. Parfois, mieux vaut remettre à plus tard la recherche du plaisir car l'inquiétude et la frustration ne font qu'aggraver les choses. Si le problème persiste, il faut en parler à un médecin.

ABSENCE D'ORGASME

L'absence d'orgasme (ou anorgasmie) n'est un problème que si elle est permanente. Toutes les femmes n'ont pas un orgasme lors de tous leurs rapports sexuels. Le stress et l'anxiété en sont souvent responsables. Chez les hommes, l'absence d'orgasme est beaucoup plus rare mais augmente avec l'âge ou en cas de problèmes médicaux.

RAPPORTS DOULOUREUX

Chez la femme se produit parfois une contracture douloureuse, appelée vaginisme, qui empêche toute pénétration. Si cet incident se répète malgré des préliminaires attentifs, il faut consulter un médecin. Chez les hommes, un prépuce trop serré peut rendre l'érection et la pénétration douloureuses. Ce phénomène est résolu par la circoncision *(voir page 24)*. Enfin, les hommes comme les femmes peuvent être atteints d'infections *(voir pages 80-83)* ou d'irritations des organes génitaux, responsables elles aussi de douleurs.

On avait passé une soirée d'enfer et on était tous les deux au lit, mais il ne se passait rien : j'avais trop bu. Elle m'a dit que je ferais mieux de me calmer sur la bière…

Gilles, 18 ans

L'ÉJACULATION PRÉCOCE

L'éjaculation est dite précoce lorsqu'elle se produit avant que l'on ne le souhaite, voire avant la pénétration. Ce problème peut survenir assez fréquemment lors des premières expériences amoureuses, en raison de l'intensité des émotions. À mesure que l'on maîtrise mieux son excitation sexuelle, on parvient progressivement à retarder le moment de l'éjaculation. Si la situation se prolonge, il faut en parler avec sa partenaire. Le couple peut essayer de trouver des manières différentes de faire l'amour, sans pénétration, jusqu'à ce que l'homme parvienne à contrôler son plaisir.

LA CONTRACEPTION

Choisir un contraceptif

Les méthodes contraceptives sont destinées à éviter les grossesses non désirées. Il est aisé de se procurer des contraceptifs, qui sont toujours délivrés de manière confidentielle. Fille ou garçon, chacun est concerné.

Les risques de grossesse

La moitié des couples environ n'emploient pas de contraceptifs pour leurs premiers rapports sexuels. Les jeunes gens pensent trop souvent que la contraception est l'affaire de la femme, censée prendre la pilule. À l'adolescence, les rapports sexuels sans contraception comportent un risque élevé de grossesse, la fécondité étant alors à son maximum. De plus, dans le contexte actuel de l'épidémie de Sida, ce problème de contraception doit être résolu par l'usage systématique de préservatifs masculins.

La contraception aujourd'hui

Chacun a la possibilité de s'informer au sujet de la contraception, auprès d'un médecin ou d'un centre de planning familial. Les préservatifs masculins (ou condoms) se trouvent en pharmacie, en grandes surfaces ou dans certains distributeurs automatiques. Le fait de penser à se protéger d'une grossesse non désirée et du Sida avant même sa première expérience sexuelle peut sembler manquer de romantisme. De nombreux parents pensent même que cela incite les jeunes à avoir des rapports sexuels. Pourtant, il s'agit là d'une attitude hautement responsable, en ce qui concerne sa propre vie et celle des autres. Les préservatifs vendus en France répondent toujours à des normes (NF) en matière de solidité, tolérance etc. Des contrôles sont effectués sur chaque lot par le laboratoire national d'essai. Dans chaque boîte se trouve une notice d'emploi à lire attentivement. Les autres moyens de contraception ne se conçoivent que pour des couples dont les relations sont stabilisées depuis six mois (délai de sécurité raisonnable

Être Responsable
Être responsable actuellement, c'est se protéger et protéger l'autre contre le Sida lors des premiers rapports sexuels mais également ensuite, tant que les relations amoureuses ne sont pas encore stabilisées. En parler avant à son partenaire est donc toujours nécessaire. Plus tard, lorsque le couple se sera trouvé, viendra le choix d'un autre mode de contraception.

après lequel, un test récent de dépistage du Sida s'étant révélé négatif, on peut s'estimer indemne et non contaminant) les partenaires s'étant assurés l'un l'autre, soit de leur fidélité mutuelle, soit de s'abstenir de rapports non protégés avec d'autres partenaires.

AUTRES MOYENS CONTRACEPTIFS

Les autres moyens contraceptifs sont prescrits par les médecins et comprennent les contraceptifs oraux (ou pilules), le diaphragme, la cape cervicale (non vendue en France), le stérilet (rarement utilisé chez la jeune fille en raison de risques infectieux), les spermicides, les éponges contraceptives, le préservatif féminin ou Femidom (disponible en Suisse, mais non en France)... Il faut citer aussi la contraception masculine : il s'agit d'une pilule hormonale, encore expérimentale, qui peut notamment rendre service à certains couples pour lesquels tout autre moyen contraceptif est contre-indiqué.

Avant de prescrire la pilule à une jeune fille, le médecin vérifiera sa pression artérielle et son poids ; demandera un examen sanguin ; si elle fume, il lui conseillera d'arrêter. Si elle a déjà des rapports sexuels, sans doute lui proposera-t-il de faire un frottis. Elle devra revenir consulter peu de temps après, afin de vérifier l'absence d'effets secondaires. Ensuite, les consultations auront lieu tous les six mois.

CONSEILS CONFIDENTIELS

Il n'y aucune raison d'hésiter à consulter un médecin ou un centre de planning familial afin de se renseigner au sujet de la contraception. Il s'agit là au contraire d'une démarche tout à fait responsable lorsque l'on aborde sa vie sexuelle. Tous les jeunes gens peuvent bénéficier de conseils confidentiels, sans que le consentement des parents soit nécessaire.

QUESTIONS/RÉPONSES

La première fois, puis-je utiliser un diaphragme ?
Léa, 16 ans

Non. Le diaphragme, outre le fait que sa pose exige une certaine pratique, ne protège pas contre le Sida. Si tu veux commencer une vie sexuelle, achète des préservatifs masculins et parles-en à ton copain s'il ne le fait lui-même.

Peut-on se servir d'un diaphragme pendant ses règles ?
Malika, 17 ans

Oui. Le diaphragme empêchera les écoulements de sang pendant les rapports sexuels. Comme à l'habitude, il faut le laisser en place six heures au moins après les rapports sexuels, car il existe un risque minime de grossesse.

Si j'utilise seulement un spermicide, est-ce que ça va tuer tous les spermatozoïdes ?
Marylin, 16 ans

Non. Les spermicides doivent être utilisés en association avec des barrières mécaniques (*voir pages 63-65*). Attention : ils ne protègent pas contre le Sida.

Pourquoi a-t-on inventé le Femidom, puisqu'il y a déjà les capotes ? Pour faire peser la responsabilité sur la femme ?
Violaine, 17 ans

En effet, la responsabilité en matière de contraception devrait incomber à chacun. En outre, s'il est totalement efficace pour la contraception, le Femidom l'est moins que le préservatif masculin pour la prévention des MST.

Mon ami ne voulait pas utiliser de préservatifs, parce que ça lui gâchait le plaisir. Je lui ai dit que s'il n'en mettait pas, il était hors de question que je fasse l'amour avec lui : c'est le risque qui m'aurait gâché le plaisir.

Elise, 17 ans

Les méthodes

La contraception existe depuis plus de trois mille ans. Toutes les méthodes ont pour objet d'empêcher la fécondation de l'ovule féminin par un spermatozoïde. On y parvient de diverses manières.

Les méthodes de contraception peuvent être réparties en cinq catégories. Les barrières mécaniques et chimiques empêchent les spermatozoïdes de remonter jusqu'à l'ovule *(voir pages 60-65)* ; les méthodes hormonales modifient le cycle menstruel pour bloquer la fécondation *(voir pages 58-59)* ; il faut y ajouter la contraception hormonale masculine, encore à l'essai ; le stérilet empêche les spermatozoïdes d'atteindre l'ovule ou évite que ce dernier ne se fixe sur la paroi de l'utérus *(voir page 66)* ; les méthodes naturelles reposent sur l'observation du cycle menstruel *(voir page 67)* ; enfin, la stérilisation (ligature des trompes chez la femme, des canaux déférents chez l'homme) est une intervention chirurgicale dont les effets sont permanents et, en règle générale, définitifs *(voir page 67)*.

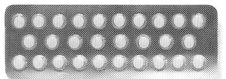

Micro-pilules (progestatives)

LES CONTRACEPTIFS HORMONAUX
Ces contraceptifs sont des hormones femelles d'origine synthétique. Ils bloquent l'ovulation (pilules œstro-progestatives) ou rendent la glaire cervicale imperméable aux spermatozoïdes (pilules progestatives). Ces hormones peuvent également être administrées par injection ou sous forme d'implants.

Hormone injectable

Implants hormonaux

INJECTIONS ET IMPLANTS
Certaines méthodes nécessitent l'intervention d'un médecin : il en va ainsi des contraceptifs injectables et des implants insérés sous la peau. Ces deux techniques, dont l'effet est de longue durée, écartent tout risque d'oubli de la part de l'utilisatrice.

Anneau externe

Préservatif féminin

PRÉSERVATIFS MASCULIN ET FÉMININ
Les préservatifs empêchent les spermatozoïdes d'atteindre l'utérus. Le préservatif masculin (condom), en latex très fin, recouvre le pénis en érection. Le préservatif féminin (Femidom), en polyuréthane, s'insère dans le vagin. Ils doivent être mis en place de façon correcte avant l'acte sexuel et jetés après usage.

Fourreau de polyuréthane

Anneau interne

Anneau souple

Fourreau lubrifié

Préservatif masculin

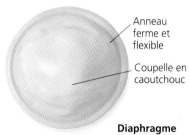

Anneau ferme et flexible

Coupelle en caoutchouc

Diaphragme

Anneau

Dôme en caoutchouc

Cape cervicale

DIAPHRAGMES ET CAPES CERVICALES

Ces dispositifs, qui s'insèrent dans le vagin avant les rapports sexuels, recouvrent le col de l'utérus et empêchent ainsi le sperme d'atteindre la cavité utérine. Ils sont utilisés avec un spermicide (voir ci-dessous), ce qui accroît leur efficacité. L'un comme l'autre doivent rester en place pendant plusieurs heures et sont réutilisables après lavage.

Éponge spermicide

Ovules fondants

Film soluble

LA CONTRACEPTION D'URGENCE

En cas de rapport sexuel non protégé, l'une des solutions consiste à prendre la « pilule du lendemain », le plus rapidement possible après le rapport dans un délai maximum de 72 heures. Autre solution, le « stérilet du lendemain », mis en place dans les cinq jours. De telles méthodes, qui exigent l'intervention d'un médecin, ne doivent en aucun cas remplacer une contraception régulière.

AUTRES MÉTHODES

Le stérilet, ou dispositif intra-utérin (DIU), est un petit appareil en plastique dont la tige centrale est garnie de cuivre. Inséré dans l'utérus par un médecin, il empêche les spermatozoïdes d'atteindre l'ovule, ou l'ovule fécondé de se fixer dans la muqueuse utérine. Le stérilet n'est guère recommandé pour les jeunes femmes n'ayant pas eu d'enfant, en raison du risque d'infection, pas plus que la stérilisation *(voir page 67)* qui rend toute grossesse impossible de manière quasi définitive. Quant aux méthodes de contraception dites « naturelles » *(voir page 67)*, elles sont loin d'être fiables à 100%.

DIU

LES SPERMICIDES

Ces substances constituent une barrière chimique qui neutralise ou tue les spermatozoïdes dans le vagin, et les empêche ainsi d'atteindre l'utérus. Pour être pleinement efficaces, les spermicides doivent être utilisés en association avec un diaphragme ou une cape cervicale. Le spermicide est introduit dans le vagin avant le rapport sexuel. Il existe six types principaux de spermicides : l'éponge contraceptive, imbibée de spermicide ; les ovules et films, qui fondent dans le vagin ; la mousse contraceptive, présentée en bombe ; les crèmes et gels, appliqués sur le diaphragme ou introduits dans le vagin à l'aide d'un applicateur.

Mousse spermicide

Crème spermicide

Applicateur de spermicide

Les méthodes hormonales

La pilule contient des substances hormonales d'origine synthétique qui modifient le cycle de la femme. Elle n'est disponible que sur ordonnance et nécessite que l'on se soumette à une surveillance médicale régulière.

L'EFFICACITÉ

Les méthodes hormonales sont efficaces à 99 % si le mode d'emploi est bien respecté.
Prise avec régularité, la micro-pilule n'est que légèrement moins efficace que les pilules œstro-progestatives. Il faut toutefois faire attention : quelques heures de décalage suffisent pour atténuer l'effet de la pilule et s'exposer au risque d'une grossesse non désirée.
Pour bien penser à avaler chaque jour sa pilule, il faut essayer d'établir une routine immuable, en la prenant toujours au réveil ou au moment du coucher, par exemple (à la même heure).

QU'EST-CE QUE LA PILULE ?

Il existe deux sortes de pilules : les pilules œstro-progestatives (normodosées ou minidosées) contiennent de faibles doses d'œstrogènes et de progestérone de synthèse, qui bloquent l'ovulation. Les micro-pilules ne contiennent qu'un progestatif (progestérone chimique) ; elles rendent la glaire cervicale imperméable aux spermatozoïdes, sans empêcher l'ovulation.

LES PILULES ŒSTRO-PROGESTATIVES

Ces pilules doivent être prises pendant 21 jours, puis l'on observe un arrêt de 7 jours avant d'entamer la plaquette suivante. Durant cette pause, surviennent les règles. Les femmes qui le préfèrent peuvent ne pas faire de pause : chaque plaquette comprend alors 28 pilules, mais les 7 dernières ne contiennent pas d'hormone. Les « règles » se produisent durant la prise de ces pilules inactives.

AVANTAGES ET INCONVÉNIENTS

Extrêmement efficaces, les pilules œstro-progestatives rendent le plus souvent les règles moins abondantes et moins douloureuses. Avant de prescrire une pilule contraceptive, le médecin s'enquiert de l'état de santé de la femme et de sa famille proche ; en effet, la pilule peut être contre-indiquée en cas d'hypertension dans la famille, pour les fumeuses de plus de 35 ans ou pour les obèses. Certaines femmes constatent des effets secondaires : maux de tête, par exemple, ou prise de poids. Si ces troubles ne disparaissent pas, il convient de consulter un médecin. Certains médicaments et problèmes de santé (vomissements, diarrhées) peuvent rendre la pilule inefficace. Il faut alors procéder comme en cas d'oubli *(voir page ci-contre)*.

LES MICRO-PILULES

Les pilules de ce type doivent être prises chaque jour à la même heure, sans interruption entre les plaquettes, aussi ne conviennent-elles pas aux étourdies.

AVANTAGES ET INCONVÉNIENTS

Les micro-pilules peuvent perturber le rythme des règles, qui vont même parfois jusqu'à s'interrompre : cela ne présente aucun caractère de gravité, mais mieux vaut en parler à son médecin lors d'une consultation de routine. En cas de retard de plus de trois heures dans la prise, elles peuvent perdre leur efficacité. Vomissements et diarrhées risquent aussi de les empêcher d'agir.

LE CONTRACEPTIF INJECTABLE

La progestérone de synthèse est injectée dans la fesse et libérée dans l'organisme au cours des semaines suivantes. Elle agit en empêchant l'émission mensuelle d'un ovule par l'ovaire. Les injections doivent être répétées toutes les huit ou douze semaines.

Cette forme de contraception supprime l'obligation de prendre quotidiennement la pilule. Elle n'est pratiquée qu'exceptionnellement en France. Il existe une possibilité d'effets secondaires tels que prise de poids ou saignements irréguliers (parfois abondants dans un premier temps, ces saignements disparaissent le plus souvent à partir de la deuxième injection).

LES IMPLANTS HORMONAUX

Cette méthode de contraception hormonale n'est pas encore utilisée en France. Les implants en plastique, longs d'environ d'environ 35 mm et plus fins que des allumettes, contiennent des progestatifs. Six d'entre eux sont insérés sous la peau du bras (cette opération est effectuée sous anesthésie locale). Leur effet contraceptif peut aller jusqu'à cinq ans, mais peut être interrompu à tout moment : il suffit de les enlever. Les éventuels effets secondaires sont semblables à ceux que peut provoquer la micro-pilule.

MODE D'EMPLOI

Il est recommandé de lire soigneusement le mode d'emploi et d'emporter sa plaquette de pilules dans son sac à main pour parer à tout imprévu : le cas où l'on serait amenée à passer la nuit hors de chez soi…

Je lui ai dit que je n'aimais pas qu'elle prenne la pilule, parce que ça voulait dire qu'elle pouvait coucher avec n'importe qui. Elle m'a traité de débile !

Damien, 18 ans

EN CAS D'OUBLI

Pilule œstro-progestative
Si vous avez plus de douze heures de retard, utilisez en plus une autre méthode de contraception pendant sept jours. S'il reste moins de sept pilules dans la plaquette, entamez une nouvelle plaquette dès que celle-ci est finie. Si vous utilisez la pilule « de tous les jours », jetez la plaquette contenant les pilules inactives, et entamez-en aussitôt une nouvelle.

Micro-pilule
Si vous avez plus de trois heures de retard, utilisez une autre méthode de contraception pendant les sept jours qui suivent.

QUESTIONS/RÉPONSES

Comme j'ai des règles douloureuses, mon médecin m'a prescrit la pilule. Est-ce une bonne idée ?
Tania, 14 ans

Oui. Le fait de prendre la pilule régularise les cycles menstruels, souvent douloureux au début de la vie génitale. Elle soulage aussi les symptômes désagréables liés aux règles. Cela ne signifie pas que tu doives avoir aussitôt des rapports sexuels.

J'ai actuellement plusieurs partenaires ; bien que je prenne la pilule, je voudrais les convaincre d'utiliser un préservatif. Que dois-je leur dire ?
Eliane, 18 ans

Dis à tes partenaires que le préservatif est un moyen indispensable de protection de ta santé comme de la leur. Ils connaissent certainement eux aussi les risques de contamination.

Les préservatifs

Les préservatifs masculins (ou condoms) sont fiables s'ils sont correctement utilisés. Ils sont disponibles en pharmacie ou en supermarché. Le préservatif féminin (Femidom), vendu en Suisse depuis 1992, ne l'est pas encore en France.

LE PRÉSERVATIF MASCULIN

Le préservatif masculin (on l'appelle encore capote anglaise), constitué de latex très fin, s'enfile sur le pénis en érection. Lors de l'éjaculation, le sperme ne peut se répandre dans le vagin. Dans certains pays, des condoms en tissu animal sont vendus comme articles de luxe, car ils sont censés apporter des sensations « naturelles » : ils sont moins efficaces contre les grossesses non désirées ou les infections et leur vente en tant que « préservatifs » est interdite en France.

Les préservatifs se présentent sous des formes et dans des coloris variés, et certains ont même des reliefs ou des saveurs particulières. Beaucoup sont lubrifiés avec des substances spermicides, ce qui les rend à la fois plus faciles d'emploi et plus sûrs. Quel que soit le modèle choisi, on doit vérifier que la date de péremption n'est pas dépassée, et qu'il porte bien la norme « NF ».

LE PRÉSERVATIF FÉMININ

Le préservatif féminin, non encore commercialisé en France, est un contraceptif de type « barrière mécanique ». Il se présente sous la forme d'un tube de polyuréthane prélubrifié qui s'insère dans le vagin, dont il épouse les parois. L'une de ses extrémités est fermée et comprend un anneau souple qui facilite sa mise en place et son maintien. L'autre extrémité s'ouvre à l'extérieur du vagin.

Lorsque l'homme éjacule dans le vagin de sa partenaire, le sperme se répand à l'intérieur du préservatif et les spermatozoïdes ne peuvent gagner l'utérus.

ANONYMAT

Il se peut que vous éprouviez une certaine gêne à l'idée d'acheter des préservatifs ; vous pouvez dans ce cas le faire dans un supermarché : vous ne serez pas obligé de les demander à un vendeur et la boîte se perdra dans la masse des autres achats lors du passage aux caisses. La grande diversité des types et des marques de préservatifs sur le marché vous permettra toutes les fantaisies !

LE FEMIDOM

Le Femidom est une nouvelle méthode de contraception dont la fiabilité est du même ordre que celle du préservatif masculin si les règles d'utilisation sont bien respectées (85 à 98 % de fiabilité).

LES LUBRIFIANTS

Si l'on utilise un lubrifiant avec le préservatif masculin, il est important de choisir un gel ou une crème spermicides, et non un produit contenant de l'huile ou de la vaseline, qui peuvent rendre le latex poreux. Les préservatifs féminins sont, quant à eux, en matière plastique ; aussi s'accommodent-ils de tous les types de lubrifiant.

METTRE UN PRÉSERVATIF MASCULIN

Seul moyen de se protéger contre le Sida, le préservatif masculin est une méthode contraceptive efficace. Sa fiabilité contraceptive est comprise entre 85 et 98%

selon le soin apporté à son utilisation. Loin d'être une source d'embarras, sa mise en place peut constituer un épisode « sexy » des préliminaires.

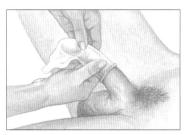

1 Que le préservatif comporte ou non un réservoir, chasser l'air de son extrémité pour que le sperme puisse s'écouler sans problème.

2 Lorsque le pénis est en érection, dérouler le préservatif jusqu'à sa base. Il peut être amusant de le faire à deux.

3 Après l'éjaculation, maintenir le préservatif sur le pénis. Après s'être retiré, on pourra l'enlever et le jeter.

METTRE UN PRÉSERVATIF FÉMININ

Le préservatif féminin (Femidom) n'est pas encore commercialisé en France. Il est très résistant et prélubrifié. Il permet à la femme

d'assumer la responsabilité de rapports sexuels sûrs. Il se jette après emploi.

Pour insérer le préservatif, poser un pied sur une chaise

1 Ôter le préservatif de sa pochette ; d'une main, écarter les grandes lèvres *(voir page 14)*. De l'autre main, pincer l'anneau et l'insérer dans le vagin, en le poussant aussi loin que possible.

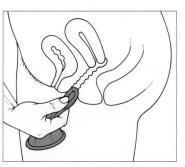

Pincer l'anneau au fond du préservatif

2 Introduire l'index dans le préservatif et enfoncer l'anneau au-delà de l'os pubien. Il n'est pas nécessaire qu'il recouvre le col de l'utérus. Lorsqu'il est en place, le préservatif doit dépasser d'environ 5 cm à l'extérieur du vagin.

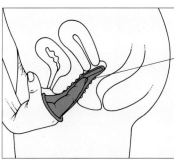

Pousser le fond du préservatif dans le vagin

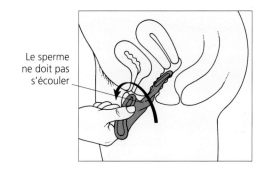

Le sperme ne doit pas s'écouler

3 Après le rapport sexuel, pincer l'ouverture du préservatif pour emprisonner le sperme, avant de l'extraire du vagin. Vérifier qu'il n'y a pas de fuite. Ne pas le réutiliser.

Avec un peu de pratique, il est facile de mettre correctement un préservatif masculin. Pour s'exercer, les filles peuvent, pourquoi pas, utiliser une banane représentant le pénis.

Il est important de préciser que la capote doit absolument être placée sur le pénis en érection ; il faut toujours l'enfiler avant tout contact génital, car du sperme peut s'écouler du pénis avant l'éjaculation. Le fait d'utiliser deux préservatifs l'un sur l'autre (pour une « protection accrue ») est une erreur : ils risquent de se déchirer à cause des frottements.

Après emploi, on enveloppe le préservatif dans un mouchoir en papier avant de le jeter (pas dans la cuvette des WC car ils ne sont pas bio-dégradables...). Il reste un peu de sperme sur le pénis, aussi ne faut-il pas l'approcher du vagin avant de s'être lavé. Un préservatif ne sert qu'une fois : inutile de le laver pour le réutiliser, il sera alors totalement inefficace.

AVANTAGES ET INCONVÉNIENTS

Les préservatifs réduisent le risque de transmettre ou de contracter des MST *(voir pages 80-83)*, et notamment le Sida, à condition de les poser correctement et de les manipuler avec précaution, en veillant à ne pas les déchirer avec les ongles, les dents (lors de l'ouverture de la pochette ou lors d'une fellation) ou des bijoux.

Il arrive qu'un préservatif masculin éclate ou glisse, en particulier si l'homme ne le maintient pas lorsqu'il se retire. Il peut également advenir que le pénis glisse hors du préservatif féminin pendant la pénétration. Il est alors impératif de se renseigner quant aux possibilités de contraception d'urgence *(voir page 66)*.

QUESTIONS/RÉPONSES

Mes amies me traitent de fille facile parce que j'ai toujours un préservatif sur moi. Comment les convaincre qu'elles ont tort ?
Myriam, 17 ans

Les critères de jugement qui s'appliquent aux hommes et aux femmes sont décidément bien différents *(voir page 36)*. Le Sida a cependant modifié la façon de considérer l'emploi des préservatifs. En en ayant un sur toi « au cas où », tu agis avec sagesse et réalisme. C'est toi qui est dans le vrai !

Quel est le meilleur moment pour mettre une capote ?
Paul, 16 ans

Mieux vaut mettre ton préservatif en place pendant les préliminaires, alors que tu as encore les idées claires. Pourquoi ne pas en faire un jeu érotique à deux ? Le préservatif doit être placé sur ton pénis en érection. Si tu attends trop, tu risques d'être trop excité pour t'interrompre afin d'ouvrir une pochette et enfiler ton condom. Une mise en place trop tardive pourrait en outre te faire éjaculer trop tôt.

Les barrières mécaniques et chimiques

Le diaphragme, qui s'utilise avec un produit spermicide, est inséré dans le vagin avant les rapports sexuels. Il empêche les spermatozoïdes de remonter jusqu'à l'utérus.

DIAPHRAGME ET CAPE CERVICALE

Ces contraceptifs, en caoutchouc très fin, recouvrent tous deux le col de l'utérus. Le plus utilisé est le diaphragme, qui se présente sous la forme d'une coupelle de 5 à 10 cm de diamètre, au bord souple. La cape cervicale, plus petite, s'adapte sur le col comme un dé sur le doigt de la couturière. Ces contraceptifs existent en différents formats ; une visite médicale est nécessaire pour s'assurer que la taille convient et pour apprendre à les mettre en place. Ils sont disponibles en pharmacie, sur prescription médicale.

Pour enlever le diaphragme (ou la cape cervicale), on passe un doigt sous son bord souple, puis on tire vers le bas. Il faut le laver à l'eau savonneuse tiède et le faire sécher avant de le réutiliser. On s'assure qu'il n'est pas fendillé en le regardant de temps à autre à la lumière d'une lampe. La taille doit être vérifiée tous les ans par un médecin : une prise ou une perte de poids supérieures à 3 kg, un accouchement, un avortement ou une fausse couche peuvent modifier la forme du vagin d'une femme.

MODE D'EMPLOI

Ces contraceptifs doivent **toujours** être utilisés avec un spermicide : le diaphragme est enduit sur toute sa surface, des deux côtés ; pour la cape, le spermicide est également appliqué sur les deux faces, mais pas sur le bord. Le dispositif peut être inséré à tout moment avant de faire l'amour ; si la mise en place intervient plus de trois heures avant l'acte sexuel, il faut introduire une dose supplémentaire de spermicide dans le vagin. Après le rapport sexuel, diaphragme ou cape cervicale doivent rester en place pendant au moins six heures. En cas de rapports sexuels répétés, il faut ajouter du spermicide dans le vagin avant chaque rapport, sans toucher au contraceptif.

AVANTAGES ET INCONVÉNIENTS

Ces dispositifs contribuent à la protection contre le cancer du col de l'utérus et contre certaines MST. Aucun effet

---

L'EFFICACITÉ

Bien utilisés, diaphragmes et capes cervicales sont efficaces à 98%, mais ce pourcentage se réduit à 85% en cas d'usage moins soigneux. Employés seuls, les spermicides n'ont pas un effet contraceptif très efficace.

" Ma copine voulait m'emprunter mon diaphragme. J'ai refusé, parce que les diaphragmes, c'est comme les vêtements : il faut une taille bien précise. En plus, je n'avais pas envie de partager une chose que je porte à l'intérieur de mon corps. "
Lorraine, 16 ans

METTRE UN DIAPHRAGME

Le diaphragme est en caoutchouc très fin. Il s'insère dans le vagin de façon à recouvrir le col de l'utérus. Pour plus de précaution, un produit spermicide (qui tue les spermatozoïdes) est toujours utilisé en association avec le diaphragme.

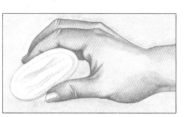

Poser un pied sur une chaise pour relâcher le vagin

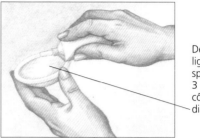

Déposer deux lignes de spermicide de 3 cm de chaque côté du diaphragme

1 Après s'être lavé les mains, sortir le diaphragme de sa boîte. Pincer le bord souple entre le pouce et l'index pour lui donner une forme ovale.

2 Appliquer le spermicide en deux lignes de 3 cm de long de chaque côté du diaphragme et sur le pourtour. Attention : il devient glissant.

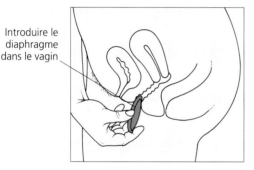

Introduire le diaphragme dans le vagin

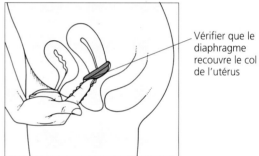

Vérifier que le diaphragme recouvre le col de l'utérus

3 Toujours en pressant le pourtour, insérer le diaphragme aussi profondément que possible dans le vagin, comme s'il s'agissait d'un tampon périodique.

4 Le diaphragme est maintenu sur le col de l'utérus par son rebord flexible. On doit sentir le col à travers le caoutchouc (sa forme rappelle celle du bout du nez).

LA SEPTICÉMIE

Il y a quelques années, des femmes qui utilisaient un tampon périodique à fort pouvoir absorbant (depuis lors retiré du marché) furent victimes d'une grave infection, la septicémie. En effet, le renouvellement moins fréquent des tampons favorisait la prolifération d'une bactérie. Il importe de ne pas garder les tampons ordinaires plus de six heures et de veiller à les renouveler plusieurs fois par jour.

METTRE UNE CAPE CERVICALE

La cape cervicale, plus petite qu'un diaphragme, a l'aspect d'un dé à coudre ; elle adhère au col de l'utérus par un effet de ventouse. Le spermicide doit être appliqué à l'intérieur de la cape, mais non sur le pourtour, afin qu'elle ne glisse pas. Son utilisation nécessite une certaine pratique, aussi convient-il de s'exercer.

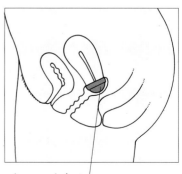

La cape s'adapte directement sur le col

secondaire n'est à redouter, quoique leur utilisation puisse favoriser les cystites *(voir page 82)* ; on note occasionnellement des réactions d'allergie au caoutchouc. La femme doit prévoir à l'avance le rapport sexuel, et se munir de son contraceptif, dont la mise en place nécessite une certaine expérience. En outre, le spermicide est parfois jugé désagréablement poisseux.

Après le rapport, il ne faut pas garder le contraceptif plus de six heures car sa présence prolongée dans le vagin peut provoquer une infection généralisée, la septicémie.

LES SPERMICIDES

La plupart des spermicides contiennent un principe actif qui détruit non seulement les spermatozoïdes, mais aussi les bactéries responsables de nombreuses MST. Utilisés seuls, leur efficacité contraceptive est limitée. Mieux vaut ne pas prendre de bain dans les six heures qui suivent les rapports sexuels, pour éviter que le spermicide ne se dilue. Les spermicides se présentent sous différentes formes : éponges contraceptives *(voir ci-dessous)*, ovules fondants ou moussants, gelées ou crèmes dont on enduit le diaphragme, mousses (introduites dans le vagin à l'aide d'un diffuseur), comprimés moussants et films solubles sont tous disponibles en pharmacie.

L'ÉPONGE CONTRACEPTIVE

Cette éponge molle et ronde en polyuréthane, d'un diamètre d'environ 5 cm, est imbibée de spermicide. De par sa forme, elle s'adapte parfaitement sur le col de l'utérus. Avant emploi, l'éponge doit être humectée afin de libérer la substance spermicide qu'elle contient ; elle est ensuite placée au fond du vagin, de manière à recouvrir le col de l'utérus. La durée de son action contraceptive est d'environ vingt-quatre heures, quel que soit le nombre des rapports sexuels. Comme le diaphragme, elle doit être laissée en place pendant six heures après le dernier rapport. Elle n'est pas réutilisable.

QUEL SPERMICIDE CHOISIR ?

Les éponges contraceptives, non remboursées par la Sécurité sociale, sont assez coûteuses, dans la mesure où elles doivent être changées chaque jour. De nombreuses femmes préfèrent utiliser des spermicides plus aisément transportables.

La première fois que j'ai essayé de mettre ma cape cervicale, elle m'a échappé des mains et s'est envolée avant de rebondir contre le mur. Nous avons été pris de fou rire.

Leslie, 17 ans

Autres méthodes

Les grossesses peuvent également être évitées au moyen de dispositifs intra-utérins, ou de méthodes « naturelles ». La stérilisation entraîne en règle générale une stérilité définitive. La contraception d'urgence doit rester exceptionnelle.

LE STÉRILET OU DISPOSITIF INTRA-UTÉRIN (DIU)

La plupart des stérilets sont de petits appareils en matière plastique de 2 à 4 cm de long, dont une partie est garnie de cuivre. Le DIU agit principalement en empêchant la nidation de l'ovule fécondé. Introduit dans l'utérus par un médecin, le stérilet peut rester en place pendant cinq ans avant d'être enlevé, à nouveau par un médecin.

Le stérilet n'est pas « chimique », il ne gêne en rien l'acte sexuel, et il est efficace dès sa mise en place. Cependant, il peut être responsable d'infections de l'utérus ou des trompes de Fallope, susceptibles d'entraîner une stérilité. Il est donc rarement prescrit aux adolescentes (qui doivent utiliser des préservatifs pour se protéger du Sida). Les règles sont parfois plus abondantes, et il arrive que le DIU puisse être délogé. Il est bon de vérifier régulièrement qu'il est bien en place (les fils doivent dépasser de 1 ou 2 cm du col de l'utérus).

L'EFFICACITÉ

Le stérilet est efficace à plus de 98% ; la stérilisation féminine l'est à près de 100% après les règles suivant l'opération, et la stérilisation masculine aussi, après quelques mois. Les méthodes « naturelles » ont une efficacité comprise entre 80 et 98% si elles sont bien appliquées.

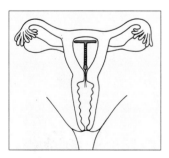

POSITION DU DIU
Deux fils fixés à la base du stérilet dépassent légèrement du col. En introduisant un doigt dans son vagin pour s'assurer de leur présence, la femme peut vérifier que le stérilet est bien en place.

LA CONTRACEPTION D'URGENCE

La contraception d'urgence, ou « contraception du lendemain », est utilisée lorsqu'une femme craint une grossesse non désirée, et ce pour des raisons diverses : oubli de la pilule, préservatif qui glisse ou se déchire, rapport sexuel inopiné (y compris un viol)... Il importe alors d'entrer en contact avec un médecin ou un centre de planning familial dans les 72 heures suivant le rapport sexuel. On vous donnera probablement deux pilules à prendre immédiatement, et deux autres à prendre 12 heures plus tard. Ces pilules modifient l'équilibre hormonal, ce qui retarde l'ovulation ou empêche la nidation de l'œuf. Elles peuvent rendre malade : si l'on vomit moins de trois heures après l'absorption des pilules, il faudra en prendre d'autres. L'efficacité de cette méthode est comprise entre 95 et 99%.

Une autre méthode consiste à se faire implanter un « stérilet du lendemain » (dans les cinq jours suivant le rapport sexuel), qui empêche l'ovule fécondé de se fixer dans la muqueuse utérine. Ce dispositif peut être enlevé dès l'apparition des règles suivantes. Cette méthode, dont l'efficacité est proche de 100%, est choisie lorsqu'il est trop tard pour appliquer la méthode hormonale ou lorsque la femme ne peut absorber d'œstrogènes pour des raisons d'intolérance.

La stérilisation

La stérilisation masculine nécessite une petite intervention chirurgicale (la vasectomie) consistant à sectionner les canaux déférents *(voir page 25)*, ce qui empêche les spermatozoïdes d'atteindre le pénis. La stérilisation féminine est opérée par ligature ou ablation des trompes de Fallope *(voir page 15)*. Les ovules ne peuvent alors plus atteindre l'utérus. Aucune de ces interventions ne nuit à la sexualité. L'homme continue d'éjaculer (bien que son sperme ne contienne plus de spermatozoïdes) et la femme d'avoir ses règles. Ces opérations ne s'appliquent généralement qu'aux personnes de plus trente ans, ayant fondé une famille et ne désirant plus d'autre enfant.

Les méthodes dites « naturelles »

Ces méthodes reposent sur l'observation du cycle menstruel ; elles permettent à la femme de connaître le moment de son ovulation *(voir pages 16-17)* et de déterminer sa période de fécondité. Pendant cette période, la femme doit utiliser un contraceptif de type « barrière » ou s'abstenir de tout rapport sexuel. Pour être efficaces, de telles méthodes impliquent une connaissance très précise du cycle menstruel et de la physiologie féminine.

La méthode des températures

Aussitôt après l'ovulation, la température corporelle augmente de 0,2 à 0,4 °C ; elle reste alors stable, en plateau, pour redescendre à nouveau le jour des règles suivantes. La femme doit prendre sa température tous les matins avant le lever pour connaître son cycle.

> *" L'une de mes amies a eu des rapports sexuels sans contraception. Elle m'a demandé si elle pouvait prendre quelques-unes de mes pilules pour ne pas être enceinte. Je lui ai dit que ça ne marcherait pas, et qu'elle ferait mieux de consulter un médecin. "*
>
> Vanessa, 17 ans

Températures et Glaire Cervicale

Il faut tenir à jour un tableau sur lequel on porte sa température et/ou l'on note la qualité de la glaire cervicale. Le Jour 1 est le premier jour des règles. Selon la longueur du cycle, l'ovulation se produit de 12 à 16 jours avant la date prévue des règles.

Ce tableau est conçu pour un cycle de 28 jours.

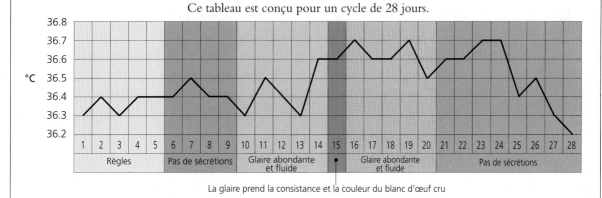

La glaire prend la consistance et la couleur du blanc d'œuf cru

LA MÉTHODE BILLINGS

L'observation de la glaire cervicale *(voir page 17)* permet également de détecter l'ovulation. On peut recueillir un peu de pertes vaginales entre le pouce et l'index pour en observer la couleur et la consistance. Aussitôt après les règles, on constate parfois une raréfaction des sécrétions. Quelques jours plus tard, la glaire est plus épaisse, poisseuse et trouble. Juste avant et juste après l'ovulation, elle est abondante, claire et filante (elle ressemble à du blanc d'œuf cru). Lorsqu'elle redevient pâteuse, on ne risque plus de grossesse. La méthode Billings et celle des températures (éventuellement combinées) peuvent être relativement fiables, à condition d'être appliquées avec une grande rigueur.

AVANTAGES ET INCONVÉNIENTS

Les méthodes « naturelles » ne présentent aucun risque pour la santé. Elles nécessitent l'engagement commun du couple et le recours à des contraceptifs de type « barrière » ou à l'abstinence lors de la période de fécondité. Le cycle doit être connu avec précision, et la mise à jour des tableaux doit être rigoureuse.

LE COÏT INTERROMPU (OU RETRAIT)

Le coït interrompu est une méthode qui consiste pour l'homme à retirer son pénis du vagin de sa partenaire avant d'éjaculer. Son efficacité est faible, car des gouttes de sperme peuvent s'échapper du pénis avant l'éjaculation. Le retrait n'est en outre pas toujours facile à maîtriser et ne favorise guère l'épanouissement sexuel du couple.

QUESTIONS/RÉPONSES

Si je me fais stériliser maintenant, pourrai-je subir l'opération inverse plus tard, quand je serai plus vieille et voudrai fonder une famille ?
Sandra, 16 ans

La stérilisation n'est pas une méthode de contraception ordinaire. La stérilité qu'elle entraîne est, en règle générale, définitive et irréversible. Il te faut donc choisir un autre mode de contraception : le seul qui te protégera à la fois du Sida et d'une grossesse non désirée est le préservatif...

On m'a dit que si l'on secouait une bouteille de Coca tiède et que l'on s'aspergeait l'intérieur du vagin après avoir fait l'amour, on ne risquait pas d'être enceinte. Est-ce vrai ?
Lucie, 15 ans

Non, une douche vaginale ne t'empêchera pas d'être enceinte. Si tu te nettoies l'intérieur du vagin après un rapport, les spermatozoïdes ont déjà eu le temps de gagner l'utérus. De plus, cela peut provoquer des irritations, voire des infections.

La Grossesse
Devenir
Parents

La conception

L'accouchement

Un bébé non désiré

La conception

L'instant de la fécondation, fusion d'un ovule et d'un spermatozoïde, est l'événement majeur de tout le processus de la reproduction. L'œuf fécondé contient tous les gènes nécessaires à la constitution d'un nouvel être humain.

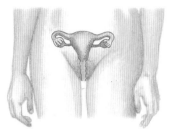

LA CROISSANCE DE L'UTÉRUS
La hauteur de l'utérus est de 10 cm et sa largeur de 8 cm environ. À la fin de la gestation, il atteint environ 38 cm de long et 25 cm de large.

Tous les 28 jours en moyenne (mais ce laps de temps peut varier de 21 à 42 jours), de la puberté à la ménopause, l'un des ovaires émet un ovule *(voir page 15)*. À ce moment-là, si la femme a des rapports sexuels, l'un des spermatozoïdes de son partenaire peut féconder l'ovule : commence alors le processus de la conception, au terme duquel les cellules qui se développent à partir de l'œuf fécondé se fixent dans la muqueuse de l'utérus. Cet amas de cellules prend alors le nom d'embryon et s'ancre à la paroi utérine par l'intermédiaire du placenta. Une poche remplie de liquide, l'amnios, se forme autour de l'embryon. Huit semaines après la fécondation, ce dernier présente un aspect humain (il possède un visage, des membres et tous les organes majeurs) ; il prend alors le nom de fœtus. Le bébé naîtra environ quarante semaines après le premier jour des dernières règles de la mère.

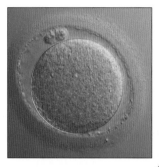

Des centaines de spermatozoïdes entourent l'ovule mûr, libérant une enzyme qui dissout son enveloppe. Finalement, un seul d'entre eux parvient à pénétrer dans l'ovule. Dès qu'il est fécondé, aucun autre spermatozoïde ne peut fusionner avec lui. L'ovule fécondé, appelé œuf ou zygote, porte 46 chromosomes (23 provenant du spermatozoïde et 23 de l'ovule).

FILLE OU GARÇON ?

Toutes les cellules de l'organisme comprennent 46 chromosomes, sauf les ovules et les spermatozoïdes, qui n'en comportent que 23. Un spermatozoïde peut porter soit un chromosome X, soit un chromosome Y ; l'ovule porte toujours un chromosome X. L'association de deux chromosomes différents (XY) donnera un garçon, celle de deux chromosomes X donnera une fille.

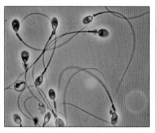

La tête du spermatozoïde contient les informations génétiques ; sa queue joue un rôle propulseur.

QUESTIONS/RÉPONSES

Une fille peut-elle être enceinte dès le premier rapport ?
Nathan, 13 ans

Oui : dès la première fois, elle risque une grossesse si elle n'utilise pas de moyen contraceptif.

L'absence de règles indique-t-elle toujours une grossesse ?
Joëlle, 14 ans

Non. Les femmes, et en particulier les adolescentes, ont souvent des menstruations irrégulières, et il n'est pas rare que les règles surviennent en retard. Pour savoir si l'on est enceinte, il faut faire un test de grossesse dans la semaine qui suit la date prévue des règles *(voir page 75)*. Quel que soit le résultat, mieux vaut consulter un médecin pour en obtenir confirmation.

Une amie m'a dit que l'on ne pouvait pas être enceinte si l'on faisait l'amour pendant les règles. Est-ce vrai ?
Reine, 15 ans

Non. L'ovulation peut se produire peu après les règles, et les spermatozoïdes survivent jusqu'à trois jours dans l'utérus : une grossesse est donc possible.

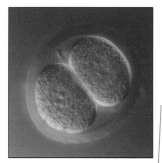

Quelques heures après la fécondation, l'œuf se divise en deux cellules. Après cette première division, d'autres vont survenir, qui porteront à des milliards le nombre des cellules constituant le corps du bébé. Les 46 chromosomes de chaque cellule sont identiques à ceux de toutes les autres. Ces chromosomes portent les gènes qui déterminent les caractères héréditaires de chacun.

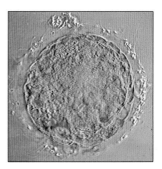

Trois jours après la fécondation, les cellules sont au nombre de 64. Cette sphère de cellules, appelée morula, n'est pas plus grosse que le point qui conclut cette phrase. Elle poursuit sa progression dans la trompe de Fallope, et n'atteindra l'utérus que 24 heures plus tard.

Trompe de Fallope

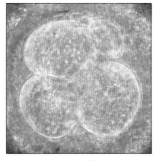

Deux jours après la fécondation, la progression vers l'utérus se poursuit. Une deuxième division a porté à quatre le nombre des cellules. Dès lors, une nouvelle division se produira deux fois par jour.

Épaissie sous l'action des hormones, la muqueuse utérine est prête à recevoir l'œuf.

Un ovule peut être fécondé jusqu'à 12 à 24 heures après l'ovulation.

Ovaire

LES ÉTAPES DE LA CONCEPTION

Lors de l'éjaculation, des millions de spermatozoïdes (jusqu'à 500 millions) sont émis. Ils pénètrent dans l'utérus et se dirigent vers les ovaires ; seuls, quelques milliers y parviendront. S'ils rencontrent un ovule, ils l'entourent et il y a de fortes chances pour que l'un d'eux le féconde. Au cours de sa descente dans la trompe de Fallope, l'œuf fécondé se transforme en une sphère de cellules qui va se fixer ensuite à l'intérieur de l'utérus. Le placenta commence alors à se développer. L'utérus conserve sa muqueuse (en l'absence de fécondation, il l'expulse lors des règles). Un des premiers signes de grossesse est donc l'absence de règles.

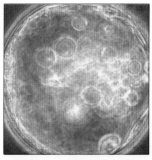

Une semaine après la fécondation, une cavité se forme au centre de la morula, qu'on appellera désormais blastocyste. Après avoir flotté dans l'utérus pendant deux ou trois jours, le blastocyste s'implante dans la muqueuse utérine. La conception est achevée.

L'accouchement

La grossesse s'achève environ quarante semaines après la fécondation. Le « travail » de l'accouchement se divise en trois phases, au cours desquelles l'utérus se contracte avec une force croissante pour expulser l'enfant et le placenta.

Des contractions régulières de l'utérus indiquent que la première phase du travail a commencé. Le moment est venu de partir à la maternité, où la femme est prise en charge par une sage-femme. Les contractions se rapprochent et s'intensifient. La douleur est parfois très vive, mais les techniques acquises lors des séances de préparation à l'accouchement, ainsi que l'administration d'analgésiques, l'atténuent généralement. Il est même possible de supprimer toute douleur ou presque grâce à la « péridurale ». Cette méthode tend à se généraliser. La naissance constitue la deuxième phase du travail ; la sage-femme s'assure de la bonne santé du bébé et le pose dans les bras de la mère. La troisième phase, la délivrance, consiste en l'expulsion du placenta.

Le retour à la maison est parfois difficile à vivre. Après l'euphorie de la naissance vient le moment d'assumer la responsabilité des soins à apporter au nouveau-né. Les jeunes parents sont souvent épuisés par le manque de sommeil. Les mères, en particulier, se sentent parfois bien seules pendant les premiers mois – le soutien du compagnon, de la famille et des amis est essentiel – mais assurent très bien leurs nouvelles responsabilités.

DÉPRESSION

De nombreuses mères se sentent déprimées après la naissance. Ce « baby-blues » est dû notamment à de brusques modifications des taux d'hormones dans l'organisme. Si ce phénomène persiste plus de quatre semaines après l'accouchement, la mère doit consulter : elle souffre peut-être d'une « dépression post-partum ».

LA CROISSANCE DU FŒTUS

Dès les premières semaines de grossesse, la future mère constate un gonflement de ses seins, des nausées, une pesanteur dans le bas-ventre... À 16 semaines, le médecin perçoit les battements du cœur. À 20 semaines, la grossesse est visible et la femme sent les mouvements du fœtus. À 32 semaines, l'enfant est entièrement formé. S'il naissait, il aurait 50% de chances de survie. Au cours des 8 dernières semaines, il va prendre du poids.

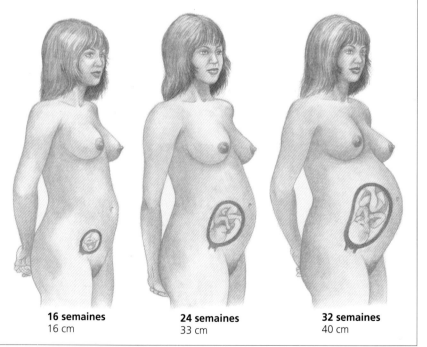

16 semaines
16 cm

24 semaines
33 cm

32 semaines
40 cm

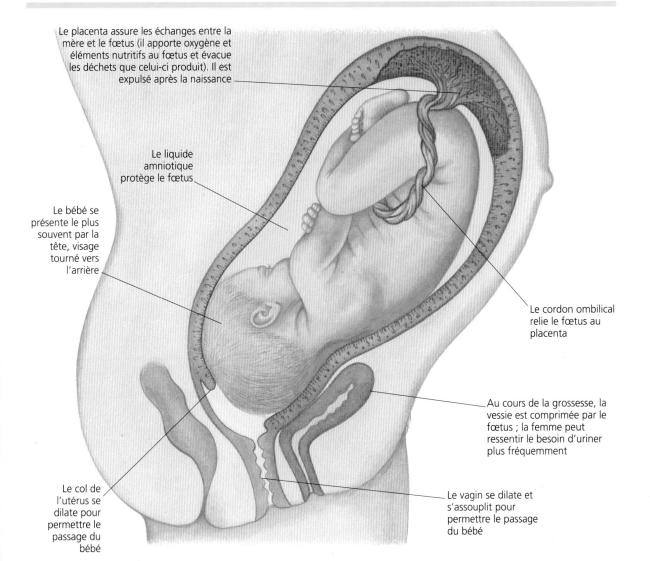

Le placenta assure les échanges entre la mère et le fœtus (il apporte oxygène et éléments nutritifs au fœtus et évacue les déchets que celui-ci produit). Il est expulsé après la naissance

Le liquide amniotique protège le fœtus

Le bébé se présente le plus souvent par la tête, visage tourné vers l'arrière

Le cordon ombilical relie le fœtus au placenta

Au cours de la grossesse, la vessie est comprimée par le fœtus ; la femme peut ressentir le besoin d'uriner plus fréquemment

Le col de l'utérus se dilate pour permettre le passage du bébé

Le vagin se dilate et s'assouplit pour permettre le passage du bébé

LA CEINTURE PELVIENNE

Lors de l'accouchement, le bébé doit franchir un étroit passage dans la ceinture pelvienne, anneau osseux constitué des os des hanches et du sacrum, maintenus par des ligaments très résistants. Le bébé ne parvient à se glisser dans cet orifice que grâce à l'action d'hormones sécrétées au cours de la grossesse, qui provoquent un relâchement des ligaments.

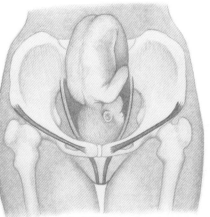

Position du bébé dans la ceinture pelvienne (pour plus de clarté, l'utérus n'est pas représenté).

LE TRAVAIL

La première phase du travail dure généralement de 12 à 14 heures. L'utérus se contracte régulièrement. La poche de liquide amniotique se rompt et le col de l'utérus se dilate. Cette dilatation doit être totale pour que commence la deuxième phase, l'expulsion, qui dure environ une heure. La femme pousse, son utérus se contracte plus puissamment, et le bébé naît. Le cordon ombilical est alors clampé (pincé) et coupé. Lors de la dernière phase (la délivrance), qui dure de 15 à 30 minutes, le placenta est à son tour expulsé.

Un bébé non désiré

Lorsqu'elle se trouve confrontée à une grossesse non prévue, la préoccupation majeure de l'adolescente est souvent de se demander comment elle va l'annoncer à ses parents. Elle aura pourtant bien d'autres décisions à prendre.

FAIRE FACE À LA SITUATION

Lorsqu'une adolescente se rend compte qu'elle est enceinte, elle peut ressentir des sentiments contradictoires : peur, colère, joie, et surtout angoisse quant à l'avenir... La première chose à faire est de bien réfléchir et de rechercher soutien et conseils pour prendre des décisions rapidement.

Les choix auxquels elle va être confrontée ne sont pas simples. Quelle que soit sa décision, celle-ci doit être personnelle. À cet égard, le partenaire peut représenter une source de complications plutôt qu'une aide, qu'il souhaite prendre une part de responsabilité ou qu'il préfère ignorer la situation. En tout état de cause, c'est à la jeune fille enceinte que revient la décision finale. L'accord du partenaire n'est pas légalement nécessaire pour la poursuite ou l'interruption de la grossesse. En revanche, s'il reconnaît l'enfant, il aura après la naissance certains droits vis-à-vis de ce dernier, mais aussi des devoirs, qui peuvent comprendre une obligation de soutien financier.

QUE FAIRE ?

Avant de prendre une décision, posez-vous les questions suivantes :

■ Désirez-vous ce bébé, et si vous le gardez, vos parents vont-ils vous soutenir ?
■ Souhaitez-vous que votre partenaire s'implique ?
■ Pouvez-vous vous confier à quelqu'un ?
■ Êtes-vous prête à envisager une IVG ?
■ Pouvez-vous envisager de faire adopter votre enfant ?

LE DIRE À SES PARENTS

La meilleure façon d'aborder le problème avec ses parents est souvent difficile à déterminer, même dans les familles les plus unies. Il peut être utile de se confier à un membre de la famille ou à une amie sûre, qui contribueront à aplanir les obstacles. Si l'on ne se résout pas à parler à ses parents, on peut s'adresser à un centre de planning familial ou à un bureau d'aide sociale *(voir pages 92-93)*. Des assistantes sociales y dispensent aide et soutien, sans jamais juger ni critiquer. On peut aussi choisir d'en parler à son médecin ou à un psychologue.

ENSEMBLE
Même une très jeune fille est parfaitement capable de s'occuper d'un bébé et de lui apporter l'amour dont il a besoin.

LE CHOIX DE GARDER UN BÉBÉ

L'adolescente enceinte peut choisir de garder le bébé. Ce sera généralement plus facile si les relations avec son partenaire sont stables ou si sa famille est prête à l'aider. Elle sera alors amenée à repenser entièrement son avenir. La poursuite de ses études dépendra dans une grande mesure de son entourage et de sa capacité à l'épauler (financièrement ou en la logeant). Il existe cependant des services spécialisés qui aident les jeunes mères célibataires et mineures *(voir pages 92-93)*, ainsi que des foyers d'hébergement.

Certaines jeunes femmes, indécises ou refusant l'idée d'une interruption volontaire de grossesse (IVG), préfèrent mener la grossesse à son terme avant de prendre une décision. Il est encore possible, après la naissance, de choisir de garder l'enfant ou de le confier à un service spécialisé en vue d'une adoption. Dans ces circonstances, il est hautement souhaitable que la jeune femme se fasse aider par des professionnels compétents.

Lorsque la grossesse devient visible, certaines jeunes filles préfèrent quitter le lycée. Il est toujours possible de suivre des cours par correspondance jusqu'à la naissance, quitte à trouver ensuite un mode de garde pour reprendre des études normales.

ÉLEVER SEULE SON ENFANT

Il n'est pas facile pour une jeune femme d'élever seule un enfant, surtout si tous ses amis vivent encore dans l'insouciance de l'adolescence. L'argent et le logement sont les principales sources de problèmes. C'est bien souvent à la famille de l'aider financièrement, mais aussi (ce qui est tout aussi important) de lui apporter un soutien affectif et une assistance pratique. C'est pourquoi il est toujours préférable de ne pas couper les ponts et de conserver de bons rapports avec ses parents, quel que soit leur mécontentement à l'annonce de cette grossesse.

L'INTERRUPTION VOLONTAIRE DE LA GROSSESSE

L'interruption volontaire de grossesse (IVG) est un avortement provoqué médicalement. Deux décennies après sa légalisation partielle en France (loi Veil du 15 janvier 1975), l'IVG fait encore l'objet de controverses, chacun ayant son opinion quant à son caractère souhaitable ou non. Une adolescente enceinte doit néanmoins savoir que le choix d'interrompre ou non sa grossesse lui appartient. Les parents ne peuvent contraindre une jeune fille mineure à avorter.

Une femme peut demander l'interruption de sa grossesse sous certaines conditions : entretien préalable obligatoire ; confirmation écrite après un délai d'une semaine suivant la demande initiale (ce délai peut être ramené à 48 heures en cas d'urgence) ; autorisation écrite de l'un des parents pour les mineures. En cas de refus des parents, le Juge des mineurs peut intervenir et autoriser l'IVG. L'IVG ne peut plus être pratiquée après 12 semaines d'aménorrhée ou 10 semaines de grossesse.

> *Le plus dur a été de le dire à mes parents. Après cela, j'ai pu réfléchir plus clairement à ce que je voulais faire.*
>
> Marion, 16 ans

LE TEST DE GROSSESSE

Les tests de grossesse sont vendus en pharmacie. Certains d'entre eux sont constitués d'une bandelette imprégnée de substances réactives, que l'on plonge pendant quelques secondes dans l'urine. Un changement de couleur de la bandelette indique que la femme est enceinte. Ce type de test est fiable à 99%, mais il convient de faire confirmer les résultats par un médecin ou un centre d'orthogénie. Divers organismes proposent des tests de grossesse gratuits *(voir pages 92-93)*.

SIGNES DE GROSSESSE

▨ Absence de règles.
▨ Seins gonflés et tendus.
▨ Goût métallique dans la bouche.
▨ Envie d'uriner plus fréquente.
▨ Augmentation des pertes blanches.
▨ Impression de fatigue.
▨ Envie soudaine de certains aliments.
▨ Nausées.

L'IVG médicamenteuse, autorisée en France depuis 1989, évite le recours à une anesthésie et à une intervention chirurgicale. Elle doit être pratiquée avant le 49ᵉ jour du cycle (calculé à partir du premier jour des dernières règles) et consiste à prendre trois comprimés de RU 486, puis, 48 heures après, au cours d'une hospitalisation de deux heures, deux comprimés de Cytotec. L'œuf est expulsé avec la partie superficielle de la muqueuse utérine, ce qui se traduit par des saignements. Une semaine plus tard, une visite médicale permet de s'assurer de l'expulsion.

L'IVG par aspiration peut être pratiquée sous anesthésie générale ou locale. Après dilatation du col de l'utérus, une canule reliée à un mini-aspirateur est introduite dans l'utérus, dont la muqueuse et l'œuf sont enlevés. L'opération dure une dizaine de minutes.

Avant la grossesse, on a souvent une opinion bien arrêtée au sujet de l'IVG, que le fait d'être enceinte modifie parfois. Si l'on envisage une interruption volontaire de grossesse, il est impératif de consulter dès que possible un médecin ou un centre de planning familial.

APRÈS L'IVG

Après une IVG, même si l'on est convaincue d'avoir pris la bonne décision, le sentiment de perte ne doit pas être sous-estimé. Le mieux est d'en parler avec une amie ou une conseillère dans un centre de planning familial. Il ne faut pas se renfermer sur soi-même, mais au contraire rechercher un soutien dans ce moment difficile. Il est également important de prendre conseil quant à la contraception (*voir pages 56-57*), afin d'éviter de répéter les IVG.

L'IVG ET LA LOI

En France, l'IVG est possible à n'importe quel terme si deux médecins attestent que la poursuite de la grossesse met en péril la santé de la femme ou que l'enfant aura probablement une affection grave et incurable. Dans les autres cas, elle doit être pratiquée avant la fin de la dixième semaine de grossesse. Un médecin peut refuser de pratiquer les IVG (clause de conscience). Si la femme est mineure et célibataire, le consentement d'un parent est nécessaire. Les femmes étrangères doivent justifier de leur résidence en France depuis 3 mois.

QUESTIONS/RÉPONSES

Mon ami a toujours été un peu coureur. J'aimerais vraiment avoir un bébé avec lui. Pensez-vous que ça le calmera ?
Arielle, 17 ans

Il y a de fortes chances pour que cela le fasse fuir. Ne fais pas un bébé dans l'espoir de rendre vos relations meilleures.

Je suis enceinte, et mes parents pensent que je devrais le dire au père. Or, tout est fini entre nous. Que dois-je faire ?
Line, 18 ans

La décision n'est pas facile à prendre, surtout si tu as décidé de garder le bébé. Dans ce cas, il serait vraiment mieux d'en parler à ton ex-ami, car il a des droits et des devoirs à l'égard de cet enfant.

Je crois que je suis enceinte. Si je vais voir un médecin, est-ce qu'il va le révéler à mes parents ?
Ghislaine, 16 ans

Non : la relation que tu entretiens avec ton médecin est strictement confidentielle. C'est à toi et à toi seule de décider d'en parler à tes parents.

SEXUALITÉ ET SANTÉ

■ *Les soins du corps* ■

■ *Les infections et MST* ■

■ *Le VIH et le Sida* ■

Les soins du corps

À l'adolescence, la peau dégage de nouvelles odeurs, les organes génitaux sécrètent de nouvelles substances : pour rester propre et en bonne santé, il faut commencer à prendre soin de son corps d'une manière différente.

L'odeur personnelle

Chaque individu a son odeur. Si l'on est propre, elle sera naturelle et agréable, et fera partie intégrante de la personnalité. Comme les animaux, nous sécrétons des substances chimiques odorantes, appelées phéromones, qui contribuent à attirer nos partenaires sexuels. Notre sens olfactif joue donc son rôle dans le phénomène de la séduction.

Faute d'hygiène, les sécrétions de notre organisme peuvent prendre une odeur déplaisante. Les déodorants et antisudoraux *(voir page 10)* permettent de lutter contre les odeurs d'aisselles, et une toilette quotidienne de la région génitale est essentielle. Une odeur forte et âcre peut également être un signe d'infection *(voir pages 80-83)*.

Ce qui peut inquiéter

À l'approche de l'âge adulte, on s'inquiète parfois de constater la présence de signes inhabituels. Ainsi, il est normal que les seins d'une femme n'aient pas tous les deux exactement la même taille ; juste avant et pendant les règles, ils sont souvent plus lourds que d'habitude, et présentent parfois certaines grosseurs. Il est prudent de faire chaque mois un auto-examen des seins, juste après les règles *(voir page ci-contre)*. Une boule

> ❝ *Je déteste les gens qui s'inondent de parfum ou de lotion après-rasage : j'ai l'impression qu'ils essaient de masquer de mauvaises odeurs. Si l'on se lave, on n'a pas besoin de tout cela.* ❞
>
> Cécile, 17 ans

LE FROTTIS VAGINAL

Allongée sur la table d'examen, jambes pliées, la femme écarte les genoux. Le médecin introduit un spéculum dans son vagin - cet instrument métallique écarte les parois du vagin pour permettre l'examen. Cela ne fait pas mal, mais laisse une impression de froid légèrement désagréable.
À l'aide d'une spatule, le médecin procède alors à un prélèvement (le plus souvent insensible) de cellules du col de l'utérus. L'échantillon est étalé sur des lames qui sont envoyées à un laboratoire d'analyses. Le résultat sera transmis quelques jours ou quelques semaines plus tard au médecin et à la patiente.

L'Auto-Examen des Testicules

Il convient d'examiner régulièrement ses testicules, de préférence après un bain chaud. Faire rouler chaque testicule entre ses doigts, en palpant délicatement la peau afin de détecter d'éventuelles grosseurs, un changement de texture, de volume ou de poids. Il est normal que l'arrière des testicules présente des excroissances.

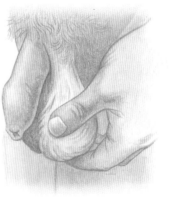

indolore ou des changements dans la texture de la peau peuvent être les symptômes d'un cancer du sein. Celui-ci est cependant extrêmement rare chez les adolescentes. La précocité du traitement accroît considérablement les chances de guérison.

Le cancer des testicules est rare, mais il peut néanmoins affecter des hommes jeunes. Il est donc essentiel de consulter un médecin si l'on constate qu'un testicule est plus gros que l'autre ou anormalement gonflé. Une légère asymétrie entre les deux testicules est pourtant normale.

LE FROTTIS VAGINAL

Cet examen a pour but de détecter un éventuel cancer du col de l'utérus ainsi que certaines MST ; il doit être pratiqué à intervalles réguliers chez toutes les femmes ayant déjà eu une activité sexuelle (à partir de 20 ans, ou de un à trois ans après le début d'une activité sexuelle régulière). Un dépistage précoce permet de mettre en place un traitement efficace (au laser, le plus souvent). Le cancer du col est lié à une activité sexuelle précoce, à la présence de verrues génitales et au tabagisme.

> *Quand mes seins ont poussé, ils étaient pleins de boules. Je m'inquiétais beaucoup, je croyais que quelque chose n'allait pas.*
>
> Christine, 15 ans

QUELQUES CONSEILS D'HYGIÈNE

Pour les filles

■ Après être allée à la selle, s'essuyer d'avant en arrière.
■ Consulter un médecin si l'on constate une modification de la couleur ou de l'odeur des écoulements vaginaux ; ce peut être le signe d'une infection.
■ Ne pas prendre de douche vaginale et ne pas utiliser de déodorant vaginal ; cela peut irriter le vagin ou provoquer des infections.
■ Se laver quotidiennement la région génitale, mais éviter d'appliquer du savon entre les grandes lèvres.
■ Se laver régulièrement pendant ses règles.

Pour les garçons

■ Si le pénis n'est pas circoncis, rabattre le prépuce vers l'arrière pour le laver.
■ Prendre régulièrement des douches ou des bains (1 fois par jour).
■ Consulter en cas d'écoulement inhabituel à l'extrémité du pénis.

L'AUTO-EXAMEN DES SEINS

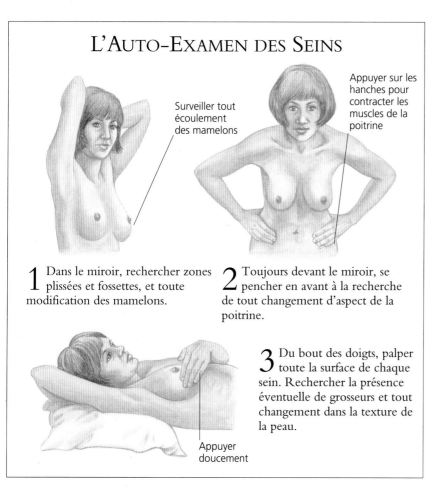

Surveiller tout écoulement des mamelons

Appuyer sur les hanches pour contracter les muscles de la poitrine

Appuyer doucement

1 Dans le miroir, rechercher zones plissées et fossettes, et toute modification des mamelons.

2 Toujours devant le miroir, se pencher en avant à la recherche de tout changement d'aspect de la poitrine.

3 Du bout des doigts, palper toute la surface de chaque sein. Rechercher la présence éventuelle de grosseurs et tout changement dans la texture de la peau.

Infections et MST

Toute relation sexuelle s'accompagne du risque de transmettre ou de contracter une infection (une maladie sexuellement transmissible, dite MST), et notamment le Sida, maladie mortelle en l'absence actuelle de traitement efficace.

LES SYMPTÔMES DES MST (AUTRES QUE LE SIDA)

Garçons et filles peuvent souffrir de sensations de brûlure dans la région génitale, de douleurs ou de gêne lors de la miction (en urinant), ou constater la présence de rougeurs, de cloques ou de verrues sur les organes génitaux ou autour de ceux-ci. Chez l'homme, un écoulement incolore ou blanc peut se produire à l'extrémité du pénis ; chez la femme, l'écoulement vaginal peut devenir plus épais, changer de couleur ou dégager une odeur désagréable. Elle peut avoir besoin d'uriner plus fréquemment.

Toutefois, il arrive souvent que des MST ne se traduisent par aucun symptôme. Si une personne avec qui l'on a eu des rapports sexuels non protégés nous apprend qu'elle souffre d'une infection, il faut consulter un médecin, même en l'absence de symptômes.

LES CENTRES SPÉCIALISÉS

Si l'on craint d'avoir été contaminé, il convient de consulter un médecin ou de contacter un centre de consultations spécialisé dans les MST. Les consultations y sont gratuites ou ne coûtent que le prix du ticket modérateur. Certains de ces centres assurent le dépistage anonyme du Sida. On peut obtenir leurs adresses auprès du service social de chaque mairie ou en s'adressant aux associations spécialisées *(voir pages 92-93)*. Pour le dépistage du Sida, il est préférable de consulter un médecin qui décidera du moment opportun de pratiquer le test. Strictement confidentiel, le résultat n'est délivré à l'intéressé que par l'intermédiaire du médecin. Certains tests étant faussement positifs, ce dernier doit demander un test de confirmation.

EN QUOI CONSISTE UNE CONSULTATION MST ?

Le médecin pose au patient un certain nombre de questions tant sur sa santé que sur ses pratiques sexuelles. Il n'est pas là pour le juger mais pour l'aider, et il est tenu au secret professionnel. Il procède ensuite à un examen clinique général et local de l'appareil génito-urinaire, puis effectue des examens

---

C'était ma première expérience sexuelle. J'étais sûre d'avoir attrapé une MST. En fait, ce n'était qu'une mycose. Le médecin m'a prescrit un traitement et en 24 heures, les démangeaisons ont disparu.

Dominique, 16 ans

AIMER SANS RISQUE DE MALADIES

■ Toujours utiliser un préservatif.

■ Savoir que s'il réduit le risque, il ne l'élimine pas totalement (mauvaise utilisation, rupture...).

■ Le fait d'avoir des partenaires multiples augmente les risques de contracter une MST, voire le Sida.

■ Si un(e) partenaire a contracté une MST, consulter un médecin même en l'absence de tout symptôme.

■ L'alcool et la drogue incitent à la prise de risque.

complémentaires : prélèvements afin de déceler la présence de germes au niveau de l'urètre, du col de l'utérus et du vagin pour les femmes, prises de sang systématiques à la recherche d'autres MST associées. Dès que ces examens sont effectués et sans attendre les résultats, un traitement probabiliste, c'est-à-dire ayant le plus de chance d'être efficace compte tenu des symptômes, est prescrit. Il sera éventuellement modifié par la suite, selon les résultats des examens. Il est conseillé au patient de s'abstenir de tout rapport sexuel non protégé, et d'informer ses partenaires afin qu'ils puissent effectuer eux aussi des examens.

POURQUOI SE FAIRE TRAITER ?
À l'exception du Sida *(voir pages 84-85)*, les MST peuvent être traitées avec succès. Il arrive que les symptômes d'une infection cessent d'eux-mêmes, mais en l'absence de traitement, celle-ci est susceptible de réapparaître. Une MST non traitée risque de se compliquer, d'entraîner des séquelles et notamment d'être responsable d'une stérilité ultérieure. En règle générale, un traitement est d'autant plus efficace qu'il est entrepris précocement.

Je me disais que c'était vraiment atroce et très grave, mais le médecin m'a prescrit des antibiotiques et en quinze jours le problème a été réglé.

Cyril, 16 ans

LES SYMPTÔMES

Si vous remarquez la moindre lésion dans la région des organes génitaux alors que vous avez eu des rapports sexuels non protégés, il est possible que vous ayez contracté une MST *(voir pages suivantes)*. Voici quelques-uns des symptômes les plus fréquents :

■ écoulement blanc ou inhabituel à l'extrémité du pénis : infection à *chlamydia*, blennorragie, urétrite à germes non spécifiques ;

■ démangeaisons dans la région génitale : herpès génital, poux du pubis (morpions), candidose ;

■ démangeaisons, inflammations génitales : vaginite, candidose ;

■ miction douloureuse (brûlures ou picotements en urinant) : *chlamydia*, blennorragie, urétrite à germes non spécifiques ;

■ boutons, rougeurs, verrues ou cloques dans la région génitale : herpès génital, condylome, syphilis ;

■ écoulement vaginal d'aspect inhabituel (mousseux ou jaune, par exemple) : infection vaginale d'origine bactérienne, *chlamydia*, blennorragie, candidose, vaginite à *trichomonas* ;

■ écoulement à l'odeur désagréable : infection vaginale d'origine bactérienne, infection à *trichomonas* ;

■ mictions fréquentes et/ou douloureuses : cystite ;

■ douleurs abdominales, pesanteurs dans le bas-ventre, pertes vaginales et fièvre : endométrite (infection de l'utérus) ou salpingite.

PERTES BLANCHES

En temps ordinaire, l'écoulement vaginal est incolore et inodore (en séchant, il laisse cependant une tache jaune ou brunâtre sur les sous-vêtements). S'il dégage une odeur déplaisante ou change d'aspect (en devenant mousseux, par exemple), ce peut être un signe d'infection. Le fait de garder trop longtemps un tampon périodique ou une serviette hygiénique peut être à l'origine d'odeurs désagréables, voire d'une septicémie *(voir page 64)*.

Les Infections et MST

NOM	SYMPTÔME	TRAITEMENT
Blennorragie (ou gonococcie)	Chez l'homme, miction douloureuse, écoulement au niveau de l'urètre. Chez la femme, la blennorragie a pour symptôme majeur un écoulement vaginal, avec brûlures et douleurs lors des rapports mais souvent les symptômes sont absents ou discrets.	Antibiotiques. La blennorragie peut provoquer la stérilité masculine et féminine (une femme dont le partenaire est atteint doit consulter).
Candidose	Pertes blanches épaisses, démangeaisons, rougeurs et gonflement de la vulve, miction douloureuse. La candidose n'est pas due à des contacts sexuels mais à la prolifération d'un champignon naturellement présent dans le vagin, la bouche et les intestins (à la suite d'un traitement antibiotique, notamment). Une femme atteinte d'une telle mycose peut la transmettre à ses partenaires, mais elle ne se traduit généralement par aucun symptôme chez l'homme (une inflammation du gland est cependant possible).	Traitement antifongique local ou par voie orale. Les mycoses se développent dans une atmosphère tiède et confinée, aussi est-il recommandé aux femmes atteintes de porter des sous-vêtements en coton et d'éviter les pantalons serrés.
Condylomes acuminés (ou « crêtes de coq »)	Des verrues molles apparaissent sur l'anus, le pénis ou à l'entrée du vagin et sur le col de l'utérus. Souvent difficiles à détecter en raison de leur petite taille, elles disparaissent parfois spontanément.	Les lésions sont enlevées par l'application répétée d'une lotion ou par une intervention chirurgicale, mais elles ont tendance à récidiver. Toute femme atteinte (ou dont le partenaire est atteint) doit faire effectuer des frottis réguliers *(voir page 78)*, en raison du lien existant entre condylomes et cancer du col de l'utérus.
Cystite	Mictions fréquentes et douloureuses, se réduisant parfois à un mince filet d'urine dont l'odeur peut être forte avec parfois des traces de sang. Infection de la vessie par des bactéries normalement présentes dans l'organisme. La cystite est une infection courante chez la femme, dont l'urètre est court - les bactéries peuvent ainsi gagner la vessie depuis le rectum *(voir page 76)*. L'urètre des hommes étant plus long, ceux-ci sont rarement atteints de cystite.	Absorption de grandes quantités d'eau dès l'apparition des premiers symptômes (un litre et demi par jour au minimum). Si les symptômes persistent, le médecin peut prescrire un antibiotique.
Herpès génital	Démangeaisons et brûlures de l'appareil génital, apparition de petites vésicules, puis ulcération de celles-ci. Les mictions peuvent être douloureuses ; fièvre et sensation de malaise possibles lors de la première infection. L'herpès génital est provoqué par le virus HSV2, différent du virus HSV1, responsable de l'herpès buccal (le classique bouton de fièvre). La première crise cesse après	Divers médicaments permettent de hâter la cicatrisation et d'atténuer la douleur, et il existe un médicament, l'Aciclovir, efficace, car stoppant l'évolution de l'herpès. Pendant les crises, s'abstenir d'avoir des rapports sexuels ou utiliser des préservatifs.

NOM	SYMPTÔME	TRAITEMENT
	deux semaines environ, mais le virus demeure dans l'organisme et peut provoquer de nouveaux accès.	
Infection à chlamydia	Chez l'homme, miction douloureuse, écoulement à l'extrémité du pénis. Chez la femme, écoulement vaginal ou absence de symptôme. Éventuellement, douleur pelvienne lors de l'acte sexuel.	Antibiotiques. Non traitée, cette infection peut entraîner divers troubles, dont une stérilité chez la femme par obstruation des trompes.
Infection à trichomonas	Écoulement vaginal jaunâtre ou verdâtre, à l'odeur nauséabonde. Chez l'homme, mêmes symptômes que l'urétrite, ou absence de symptômes.	Antibiotiques.
Infection vaginale d'origine bactérienne	Une bactérie naturellement présente dans l'organisme de la femme prolifère parfois, provoquant un écoulement mousseux, verdâtre, à l'odeur de poisson. Les hommes ne présentent généralement pas de symptômes.	Antibiotiques locaux sous forme d'ovules. Si elle n'est pas traitée, cette affection peut entraîner des problèmes de fécondité.
Endométrite et salpingite	Infections de l'utérus et des trompes. Symptômes : douleurs abdominales, pertes vaginales nauséabondes, rapports sexuels douloureux, fièvre. Les règles peuvent devenir irrégulières. On peut noter des douleurs lombaires et des vomissements. Ces infections résultent souvent du non-traitement de MST telles qu'infection à *chlamydia* ou blennorragie.	Antibiotiques. Lorsque la femme porte un stérilet, celui-ci doit être enlevé systématiquement car il favorise ce type d'infection.
Phtiriase inguinale	Le pou du pubis (ou morpion) se transmet lors de contacts sexuels, mais aussi par l'intermédiaire de draps et de linge infestés.	Utiliser une lotion insecticide spéciale, et faire bouillir vêtements et draps.
Syphilis	Le premier symptôme est une ulcération (chancre) indolore mais extrêmement contagieuse. Le chancre disparaît spontanément en quelques semaines, mais la bactérie (tréponème pâle) demeure dans l'organisme, où elle prolifère.	Antibiotiques. Non traitée, la maladie évolue, provoquant des éruptions cutanées et muqueuses, puis une atteinte générale de l'organisme.
Urétrite à germes non spécifiques	Chez l'homme, miction douloureuse ou écoulement à l'extrémité du pénis. Chez la femme, on observe parfois un léger écoulement vaginal, mais les symptômes sont souvent absents. Cette MST ne peut être reliée à un agent particulier.	Antibiotiques. Non traitées, ces infections peuvent provoquer de graves complications, dont une forme rare d'arthrite.
Vaginite	Irritation du vagin et parfois pertes vaginales, due à des allergies aux spermicides ou à des irrigations vaginales de savons liquides ou de produits désinfectants.	Antifongiques ou antibiotiques. Suppression de la cause de l'irritation.

Le VIH et le Sida

Le VIH est le virus responsable du Sida, maladie actuellement mortelle à moyen terme en l'absence de traitement efficace. La transmission se produit lors de rapports sexuels avec une personne contaminée, de la mère au bébé pendant la grossesse ou par l'usage de seringues infectées.

> *Lorsque mon père m'a annoncé que mon oncle était séropositif, je n'ai pas pu le croire… Je ne savais pas quoi dire, alors je n'ai pas posé de questions.*
>
> Benjamin, 12 ans

LE SYSTÈME IMMUNITAIRE

L'organisme se défend contre les infections grâce à son système immunitaire. Celui-ci se compose d'une part des lymphocytes, d'autre part de protéines circulant dans le sang, les anticorps. Schématiquement, les cellules du système immunitaire repèrent tout élément étranger à l'organisme (bactérie, virus, parasite…) et en assurent la destruction. Or, le virus de l'immunodéficience humaine (VIH ou, en anglais, HIV) s'attaque aux propres cellules du système immunitaire, les lymphocytes. Il reste généralement inactif pendant un certain temps dans l'organisme, se multipliant peu ou lentement. Le système immunitaire produit des anticorps contre le virus. Quelques semaines à quelques mois après la contamination, lorsque leur taux sanguin est suffisant pour être détecté, les tests de dépistage deviennent positifs et la personne est dite « séropositive ». Il est important de savoir que durant toute cette période « silencieuse » où les tests restent négatifs (qui peut aller jusqu'à quatre à six mois), le sujet contaminé peut transmettre le virus.

Le fait d'être séropositif ne signifie pas que l'on est malade. Un sujet séropositif peut ne souffrir d'aucun symptôme pendant des années, mais il peut transmettre le virus, et ce jusqu'à la fin de sa vie.

TRANSMISSION DU VIH

Le VIH se transmet par :
- Des rapports non protégés.
- Le sang de plaies cutanées ou muqueuses.

Mais pas par :
- Les toilettes.
- La vaisselle.
- La salive, la sueur, les larmes.
- Les câlins, les caresses.
- Les piqûres d'insectes.

LE SIDA

Lorsque le VIH devient actif, il détruit les cellules du système immunitaire. De ce fait, les défenses de l'organisme s'affaiblissent, la personne contaminée perd du poids, se fatigue rapidement et devient plus vulnérable face à des bactéries, des virus ou des parasites qui, chez le sujet sain, n'entraîneraient pas d'infection ou seraient rapidement traitées. Des infections anciennes, telles la tuberculose ou la syphilis, peuvent se réveiller. Les infections peuvent atteindre notamment les poumons, les intestins ou le cerveau. Certains cancers peuvent apparaître (cancers du système lymphatique ou lymphomes, sarcome de Kaposi).

L'apparition d'une ou plusieurs de ces affections correspond au stade du Sida-maladie qui, en règle générale, évolue vers la mort dans un délai d'un à trois ans.

COMMENT SE TRANSMET LE VIH ?

Uniquement par le sang, le sperme et les sécrétions vaginales. Dans la grande majorité des cas, il pénètre dans l'organisme lors d'un rapport sexuel avec un sujet contaminé, par injection de sang contaminé lors de transfusions sanguines (avant 1985, année où, en France, les produits sanguins ont été systématiquement chauffés), de piqûres accidentelles chez les professionnels de santé ou d'échanges de seringues chez les toxicomanes. Exceptionnellement le virus peut être transmis en l'absence de pénétration, lors de contacts bucco-génitaux, surtout s'il existe une plaie muqueuse ou cutanée (inflammation des gencives, notamment). Un bébé peut être contaminé par sa mère avant la naissance, lors de cette dernière, ou ensuite, par le lait maternel.

En dehors de ces circonstances, il n'y a aucun risque de contracter le Sida. Le virus ne survit pas longtemps hors du corps humain. Il n'est aucunement dangereux de vivre avec une personne séropositive ou malade du Sida, de partager sa nourriture, d'utiliser la même vaisselle ou le même linge, de l'embrasser ou de dormir dans le même lit qu'elle. En revanche, il ne faut pas avoir de rapports sexuels non protégés, ni d'échanger, dans le cas des toxicomanes, des seringues avec une personne contaminée ou susceptible de l'être.

À LA RECHERCHE D'UN TRAITEMENT

De nombreux médicaments sont à l'étude, dont certains réduisent significativement la progression de la maladie. Pourtant, la réalisation d'un vaccin contre le Sida se heurte à de nombreuses difficultés, dont la principale est la grande variabilité de la structure du virus : un peu comme pour la grippe, pour laquelle les chercheurs sont obligés, chaque année, d'adapter la composition du vaccin.

MINIMISER LES RISQUES

Chacun peut modifier son comportement sexuel afin de réduire quasiment à zéro le risque d'être contaminé par le virus du Sida. Les rapports sexuels avec pénétration représentent le mode de contamination le plus fréquent : toute pénétration non protégée avec un préservatif doit donc être absolument évitée. Cette mesure est tellement efficace que certains ont pu parler du préservatif comme du seul vaccin actuel contre le Sida !

Quand je lui ai dit de mettre un préservatif, c'est comme si je lui avais demandé de venir au lit avec des bottes en caoutchouc ! Mais il a fini par accepter.

Clémentine, 17 ans

VIVRE AVEC LE VIRUS

De nombreux séropositifs restent en bonne santé pendant des années. Leur entourage peut très bien ne jamais savoir qu'ils ont été contaminés. Les personnes qui ignorent tout du Sida sont parfois effrayées par cette maladie, aussi les malades ne se confient-ils souvent qu'à leurs proches. Si vous en connaissez un, n'ayez pas la sottise de lui retirer votre amitié. Traitez-le comme quelqu'un d'autre, sans l'accabler de prévenances mais en ayant à l'esprit qu'il peut être fatigué ou déprimé. S'il souhaite parler de sa séropositivité, encouragez-le, mais s'il ne le veut pas, respectez son choix.

TOUT LE MONDE EST CONCERNÉ

Si la multiplication des partenaires accroît le risque de contamination, il existe même avec un partenaire habituel. Il faudra donc être extrêmement prudent pour abandonner le préservatif en cas de relation amoureuse stable et prolongée. Les transfusions sanguines ne sont plus dangereuses, car l'on emploie maintenant systématiquement des produits sanguins chauffés, ce qui a pour effet de tuer le virus.

Un dangereux préjugé a fait considérer le Sida comme une « maladie d'homos ». Or, ni les hétérosexuels ni les femmes ne sont davantage à l'abri d'une contamination que les homosexuels.

QUESTIONS/RÉPONSES

Est-il vrai que l'on peut attraper le Sida à cause de l'aiguille, en se faisant percer les oreilles ?
Pierrick, 14 ans

Une contamination par le VIH peut survenir si l'aiguille n'est pas stérilisée et a été précédemment employée pour une personne séropositive ou malade du Sida. Il en va de même pour les aiguilles utilisées pour les tatouages ou lors des séances d'acupuncture. Cependant, un bijoutier sérieux utilisera des aiguilles stérilisées ou jetables. Ne crains pas de t'enquérir des mesures d'hygiène qui ont été prises, et si tu as le moindre doute va ailleurs.

En quoi consiste le test de dépistage du VIH, et s'il n'y a pas de traitement à quoi sert-il ?
Grégory, 16 ans

Un prélèvement sanguin est effectué, dans lequel on recherche les anticorps spécifiques du VIH. Les résultats sont disponibles quelques jours plus tard, voire le jour même. Si le résultat est positif, il faut effectuer un test de confirmation, car il existe des cas de réactions faussement positives. Si ce résultat est confirmé, la personne contaminée devra éviter de transmettre le virus, et révéler sa séropositivité à toutes les personnes concernées (partenaire, médecin ou dentiste...).

LE SEXE ET LA LOI

- *La protection des mineurs*
- *Les abus sexuels sur mineurs*
- *Le harcèlement sexuel*
- *Le viol*

La protection des mineurs

Avant l'âge de la majorité, des lois protègent les mineurs contre les agressions sexuelles.

L'ÂGE DE LA MAJORITÉ

La loi protège les enfants et les adolescents jusqu'à ce qu'ils soient suffisamment âgés pour prendre leurs propres décisions en matière de sexualité. Si l'on n'a pas atteint l'âge de la majorité et que l'on entretient des rapports sexuels avec un adulte, ce dernier enfreint la loi, même si l'on est consentant. L'âge de la majorité est fixé en France à 18 ans.

LES DÉLITS SEXUELS

Certains comportements sexuels sont toujours des délits, et ceci quel que soit l'âge des protagonistes : ce sont le harcèlement sexuel, l'inceste (rapports sexuels entre proches parents) ou le viol (fait de forcer quelqu'un à avoir des rapports sexuels contre son gré). Le viol et l'inceste sont considérés en France comme des crimes et punis comme tels. Les peines sont aggravées lorsque les victimes sont des personnes mineures.

LA PORNOGRAPHIE

La pornographie est la représentation de scènes à caractère sexuel, destinées à provoquer l'excitation. Certains estiment que la pornographie est omniprésente dans la publicité ou les journaux, alors que d'autres les considèrent comme inoffensifs. Dans la plupart des pays, la loi réprime plus ou moins ce phénomène. Les spectacles « hard-core » mettent en scène des actes sexuels réels, accompagnés ou non de violence, et présentent généralement une image avilissante de l'être humain. En France, ces spectacles sont strictement réglementés afin de protéger les mineurs. L'utilisation d'enfants ou d'adolescents dans des films ou des représentations à caractère pornographique est sévèrement punie par la loi.

LA PROSTITUTION

La prostitution est un commerce du corps pratiqué par des hommes ou des femmes. Dans la plupart des pays, des lois s'opposent au libre exercice de la prostitution. Les personnes qui s'y livrent mènent une vie dangereuse, exposée à des risques de MST et de contamination par le VIH, ainsi qu'à de fréquentes violences. Dans certains pays, la prostitution est cependant légale.

Les abus sexuels sur mineurs

Les abus sexuels sur mineurs sont toutes les situations dans lesquelles des enfants ou des adolescents sont utilisés par des adultes à des fins de plaisir sexuel, que ce soit avec violence ou par la séduction.

QUI SONT LES COUPABLES ?

Dans la majorité des cas, la personne qui se rend coupable d'un abus sexuel sur mineur est un parent, un ami de la famille ou un proche de l'enfant (enseignant, éducateur...).

Il est difficile de savoir exactement combien d'enfants sont victimes d'abus sexuels. Lorsque l'on interroge les adultes sur leur enfance, un grand nombre d'entre eux disent avoir fait l'objet de telles pratiques. Chaque année, des milliers d'enfants et d'adolescents appellent les services d'écoute spécialisés pour confier qu'ils ont été ou sont victimes d'abus sexuels.

QUAND RÉAGIR ?

Si un jeune éprouve des doutes au sujet de l'attitude d'un adulte à son égard, il doit se poser les questions suivantes. Ce qui lui arrive le met-il mal à l'aise ? Lui a-t-on fait jurer de garder le secret ? L'adulte recherche-t-il son propre plaisir sans se soucier de ce que le mineur peut ressentir ? Des menaces sont-elles proférées ? Si la réponse à l'une de ces questions est « oui », il s'agit probablement d'abus sexuel.

QUE FAIRE ?

Quelle que soit la personne en cause, le mineur doit absolument confier à quelqu'un ce qui lui arrive, même s'il en redoute les conséquences. Tout vaut mieux que garder le silence. Pourtant, ce conseil est souvent difficile à suivre, principalement si un membre de la famille ou quelqu'un de proche est impliqué.

Il faut savoir que lorsqu'un adulte commet un abus sexuel à l'égard d'un enfant, c'est **toujours** de sa faute et **jamais** celle du mineur, quelles que soient les circonstances. Si le jeune ne trouve pas le courage de parler de ce qui se produit, la situation n'a guère de chances de changer.

Lorsque c'est possible, il est bon de dire à ses parents ce qui est arrivé. Si les circonstances l'interdisent, les grands-parents ou un autre membre de la famille proche, un(e) ami(e) ou encore un professeur peuvent aider le mineur. Il peut également appeler un service d'écoute spécialisé *(voir pages 92-93)*, et parler en toute confidentialité à une personne qui saura le conseiller quant à la conduite à tenir.

ET ENSUITE ?

Si la police ou les services sociaux sont avisés du fait qu'un mineur est victime d'abus sexuel, leur premier souci est de veiller à sa sécurité. Dans la mesure du possible, les autorités s'efforcent de ne pas briser la cellule familiale et mettent en place des procédures d'évaluation. Si la situation l'exige, le procureur de la République (qui est le représentant des citoyens devant la loi) est saisi, parfois même en urgence. Il peut saisir à son tour le juge pour enfants, dont le seul rôle est la protection de l'enfance. Le juge pour enfants peut également être saisi directement par l'enfant lui-même, ou par ses parents. Les policiers sont chargés de recueillir et de vérifier les diverses versions des événements, en s'efforçant de réunir des éléments de preuve. Si ceux-ci sont suffisants, le procureur décide de mettre en examen, puis d'inculper, l'adulte responsable. Il arrive qu'il soit impossible de procéder à une mise en examen, ce qui ne signifie pas qu'un délit n'a pas été commis.

Enfant ou adulte, victime ou témoin silencieux, chacun devrait se sentir concerné par la question des abus sexuels sur mineurs : en révélant la situation, on contribue à éviter que de tels faits ne se reproduisent. Il est toujours difficile d'en parler, c'est pourquoi des professionnels peuvent aider, conseiller et accompagner psychologiquement les personnes concernées.

Le harcèlement sexuel

Le harcèlement sexuel, désormais considéré comme un délit en France, est le fait d'user de pressions afin d'obtenir des faveurs de nature sexuelle.

QUE FAIRE ?

Le harcèlement sexuel n'a rien à voir avec la séduction, mais bien avec une volonté d'humiliation. Il est souvent le fait d'individus en position d'autorité. Lorsque l'on est victime de harcèlement, la mauvaise attitude est de garder « honteusement » le secret ; il faut en parler à une personne de confiance. Partager ses ennuis aide à se sentir mieux. La plupart des cas de harcèlement sexuel tombent sous le coup de la loi, aussi ne faut-il pas hésiter à alerter les autorités afin que le coupable puisse être puni.

Si le harcèlement sexuel se produit dans le cadre scolaire, il convient de relever le nom des témoins et d'exposer la situation à ses parents et à un professeur. Si le harcèlement se poursuit, l'administration devra être mise au courant. S'il s'accompagne d'actes délictueux, la police en sera informée. Le mineur ne doit surtout pas céder aux éventuelles pressions qui viseraient à lui faire abandonner toute action.

Sifflets et remarques obscènes

Ce type de harcèlement est fort courant. Il suscite colère et humiliation ; selon les circonstances, on essayera d'ignorer ces comportements (le fait de réagir peut encourager les quolibets) ou l'on répondra avec assurance que cette attitude est inacceptable. Si de tels faits se produisent dans un établissement scolaire, il faut les dénoncer. Les jeunes et parfois les professeurs se laissent quelquefois aller à des commentaires au sujet du développement physique des adolescent(e)s. On ne doit pas avoir peur de signifier à la personne en cause que c'est déplacé, et en cas de récidive, d'alerter ses parents ou l'administration.

Il arrive que des automobilistes harcèlent les adolescents (filles ou garçons) en roulant lentement derrière eux, tout en émettant des remarques obscènes. Il est prudent de ne jamais répondre et de s'éloigner rapidement de la voiture après avoir, si possible, mémorisé le numéro d'immatriculation pour le communiquer à la police.

Exhibitionnistes et voyeurs

Les exhibitionnistes sont des hommes qui montrent leur pénis en public. La seule réaction possible lorsqu'on en croise un est de s'éloigner et de prévenir ses parents, un professeur ou la police.

Les voyeurs essaient d'observer des personnes nues, en train de se déshabiller, ou encore durant leurs rapports sexuels. Si l'on s'aperçoit que l'on fait l'objet de l'attention de l'un d'entre eux, il est recommandé, là encore, d'alerter des adultes responsables.

Attouchements indésirables

Les lieux publics très fréquentés, et notamment les transports en commun, peuvent donner à certains individus l'occasion de « peloter » jeunes filles et jeunes garçons. Il ne faut pas hésiter à attirer l'attention sur ce qui se passe en ordonnant à haute voix au coupable de cesser, puis alerter dès que possible d'autres adultes.

Appels téléphoniques obscènes

Ces appels anonymes, très inquiétants, sont illégaux. L'appelant peut rester silencieux, ou poser des questions indiscrètes, ou encore proférer des menaces à caractère sexuel. Il faut raccrocher calmement, ne jamais engager une conversation, et surtout ne pas donner son nom. Il est recommandé de prévenir la police. La provenance des appels peut être retrouvée : si l'appelant persiste, il peut être poursuivi en justice.

Le viol

Lorsqu'un individu (homme ou femme) est contraint d'avoir des rapports sexuels contre sa volonté, il s'agit d'un viol, qu'il y ait ou non pénétration. Le viol est un crime.

Le viol est une expérience traumatisante dont les victimes se sentent souvent coupables, bien qu'elles n'aient rien fait de mal. Elles peuvent se sentir salies, souillées. Ces sentiments expliquent que leur première réaction est parfois de ne rien dire à personne, et de faire comme si rien ne s'était passé.

LE VIOLEUR EST SOUVENT CONNU DE SA VICTIME

La plupart des victimes connaissent leur agresseur. De nombreux viols se produisent à l'issue de soirées, lorsque l'un ou plusieurs des participants ont trop bu. Si la fille refuse des avances sexuelles et que le garçon insiste et la force, c'est un viol. Parfois, elle finit par céder, mais garde l'impression d'avoir été violée, bien que le garçon puisse affirmer qu'elle était consentante. La ligne de partage entre le viol et les « mauvaises manières » est parfois difficile à établir. Garçons et filles ont souvent des attentes différentes : chacun se dit que l'autre connaît ses intentions. Les filles doivent apprendre à exprimer clairement ce qu'elles veulent et surtout ce qu'elles ne veulent pas. Quant aux garçons, ils doivent accepter et comprendre un refus.

QUE FAIRE EN CAS DE VIOL ?

Les victimes de viol hésitent souvent à révéler l'agression qu'elles ont subie, par crainte d'une vengeance ou parce qu'elles redoutent de ne pas être crues, voire d'être tenues pour responsables. Or, en gardant le silence, il est plus difficile de surmonter l'épreuve ; cela permet en outre au violeur de rester impuni et éventuellement de récidiver. Il est toujours préférable de parler à ses parents, à un(e) ami(e), qui doivent alerter aussitôt la police. Des femmes policiers sont spécialement formées pour recevoir ces plaintes.

Même si l'on souhaite à tout prix oublier, on a tout intérêt à recueillir des éléments de preuve. Des indices tels que de minuscules fragments de peau sous les ongles peuvent contribuer à obtenir une condamnation. Il est important de se soumettre à un examen médical dans les 24 heures suivant le viol. Le rapport du médecin joue, en effet, un rôle majeur dans le cadre des poursuites judiciaires. Par ailleurs, celui-ci peut apporter une aide psychologique et prendre des mesures pour prévenir une grossesse ou éviter une MST.

Pour surmonter le traumatisme, il est parfois utile de parler à des personnes qui ont vécu la même expérience. C'est possible dans les centres de soutien aux victimes de viol *(voir pages 92-93)*. Il peut être également nécessaire de s'adresser à un psychologue.

ADRESSES UTILES

L'ADOLESCENCE

● L'Association Française pour la Sauvegarde de l'Enfance et de l'Adolescence :
28, place Saint-Georges, 75009 Paris, tél : (1) 48 74 93 64

● Le C.F.A. (Comité Français pour l'Adolescence) :
33, rue de la Chapelle, 75018 Paris, tél : (1) 42 09 99 18

● La Fondation pour l'Enfance :
8, rue des Jardins Saint-Paul, 75004 Paris, tél : (1) 42 74 51 91 ou (1) 42 74 53 03

● L'I.D.E.F. (Institut de l'Enfance et de la Famille) :
3, rue du Coq-Héron, 75015 Paris, tél : (1) 40 39 90 03

● 3615 code BIJ : Banque d'Informations pour les Jeunes

AIDE AUX JEUNES EN DIFFICULTÉ

● Service National d'Ecoute pour l'Enfance Maltraitée (S.N.A.T.EM.)
tél : 05 05 41 41 (numéro vert)
Service d'écoute et de conseils (aspects juridiques, psychologiques ; urgences)

● S.O.S. Famille en Péril :
tél : (1) 42 46 66 77
Lieu de parole anonyme

● Croix Rouge Écoute
tél : 05 21 48 88 en Ile de France (numéro vert) ou (1) 42 56 28 91 (numéro national)
Service de prévention et d'écoute pour enfants, adolescents ou parents en difficulté

● Cellule d'urgence pour les enfants maltraités de l'Association « Enfance et Partage »
tél : 05 05 12 34 (numéro vert)

● S.O.S. Drogue International :
tél : (1) 43 95 08 08 ou (1) 42 46 13 10

● Centre Didro. Centre de soins :
9, rue Pauly, 75014 Paris, tél : (1) 45 42 75 00

Et aussi...

● S.O.S. Amitié :
tél : (1) 42 93 31 31

● S.O.S. Espoir :
tél : (1) 43 70 69 26

● S.O.S. Dépression :
tél : (1) 43 54 41 42

● Paris Ados Service :
tél : (1) 47 00 68 71
Service du département Atouts Jeunes et familles de la Sauvegarde de l'Adolescence à Paris : permanence 7 jours sur 7, équipe pluridisciplinaire à l'écoute des adolescents, accueil de jeunes en situation de crise avec leur milieu familial.
- Accueil de jour (de 9h à 19h) 189, rue du Grand-Prieuré, 75011 Paris
- Accueil de nuit (de 19h à 9h) 20, rue Armand-Carrel, 75019 Paris

● B.A.P.U. (Bureau d'Aide Psychologique Universitaire) :
44, rue Henri-Barbusse, 75005 Paris, tél : (1) 43 29 65 72
Consultations, psychothérapies et psychanalyses gratuites pour les étudiants affiliés à la M.N.E.F.

● Consultations Médico-Psychologiques (gratuites) des Services de Psychiatrie Infanto-Juvénile

Les coordonnées sont disponibles auprès des mairies, Conseils Généraux, hôpitaux régionaux.

Autres contacts pour les jeunes en difficulté :
- jeunes scolarisés : contacter l'assistante sociale de l'établissement
- jeunes non scolarisés : contacter le Service Social du Conseil Général le plus proche

AIDE AUX FEMMES EN DIFFICULTÉ

● Le CNIDFF (Centre National d'Information et de Documentation des Femmes et de la Famille) :
7, rue du Jura, 75013 Paris, tél : (1) 43 31 12 34
Minitel : 3615 CNIDFF

● Le MPF (Mouvement Français pour le Planning Familial) :
4, square Saint-Irénée, tél : (1) 48 07 29 10
Adresses des centres et des établissements concernant la sexualité, la contraception, l'IVG...

● Centre National d'Information sur les Droits de la Femme :
7, rue du Jura, 75013 Paris, tél : (1) 43 31 12 34

Agression et viol.

En cas d'agression ou de viol avertissez la police en composant le 17, l'appel est gratuit.
Association «Viol femmes informations» : permanence du lundi au vendredi de 10h à 18h.
Tél : (1) 05 05 95 95 (numéro vert)

● Aide aux femmes enceintes et aux jeunes mères :
- S.O.S.-Future mère :
8, rue du Cloître Saint-Merri, 75004 Paris, tél : (1) 42 78 93 89

- S.O.S.-Urgences mamans :
tél : (1) 45 22 38 72,
tél : (1) 45 03 00 02,
tél : (1) 43 46 52 52,
tél : (1) 43 06 08 28

● Fédération nationale des familles monoparentales, 53, rue Riquet, 75019 Paris, tél : (1) 40 35 33 99

Ces numéros d'appel sont parisiens. En appelant, vous obtiendrez les coordonnées de ces organismes en province.

Et par Minitel :

3615 > guide, mot clé : contraception
Questions-réponses dans le domaine de la santé

CENTRES MÉDICAUX SPÉCIALISÉS

● Contraception, sexualité, I.V.G. :

M.P.F. (Mouvement pour le Planning Familial) : la liste des centres de France est disponible en téléphonant au :
tél : (1) 48 07 29 10

● Dépistage et traitement des M.S.T., dépistage du Sida.
La liste des centres peut être obtenue auprès des mairies, Conseils Généraux, hôpitaux mais aussi des services sociaux des lycées, des médecins, des pharmaciens...

● Information et prévention Sida. De nombreux organismes assurent l'information et la prévention du Sida. Leurs coordonnées peuvent être obtenues en appelant :
- le Mouvement pour le Planning Familial
- les Conseils Généraux (Directions de l'Action Sociale et de l'Enfance)
- les Caisses Primaires d'Assurance Maladie
- les associations de lutte contre le Sida et notamment :

. Aides Paris : BP 759, 75123 Paris cedex 03, tél : (1) 42 72 19 99
(et 1, rue du Jura, 75013 Paris, centre de dépistage anonyme et gratuit, ouvert le samedi de 10 à 12 heures)
. Sida-Info-Service :
tél : 05 36 66 36 (24 heures sur 24)
. CRIPS-Paris : 192, rue Lecourbe, 75015 Paris, tél : (1) 53 68 88 88

Par Minitel :

● Minitel Aides :
3615 code AIDS

● Croix Rouge Française :
3617 code CROIX ROUGE

● Revue Gai Pied Hebdo :
3615 code GPH

● Fondation toxicomanie et prévention jeunesse :
3615 code TOXITEL

GLOSSAIRE

Angoisse : émotion composée de malaises psychiques et de troubles physiques, et liée à l'anxiété : boule à la gorge, palpitations...

Anxiété : humeur pénible agissant sur le comportement (hyperexcitabilité, tension...) et le psychisme (peur, insécurité, doute, crainte...).

Bartholin (glande) : glande sécrétant une substance lubrifiante située à l'arrière de la vulve.

Bisexualité : attirance sexuelle pour les deux sexes.

Circoncision : opération consistant à exciser partiellement ou totalement le prépuce.

Clitoris : organe féminin érectile situé au-dessus du méat urinaire.

Cycle menstruel : période d'environ un mois, correspondant à une ovulation.

Dépression : troubles de l'humeur caractérisés par la tristesse, le sentiment d'impuissance et d'inutilité.

Dysménorrhée : douleur survenant au moment des règles.

Dyspareunie : douleur survenant lors de rapports sexuels avec pénétration.

Échographie : utilisation d'une sonde appliquée sur le ventre de la future maman et qui permet de visualiser l'embryon ou le fœtus sur un écran.

Éjaculation : expulsion du sperme.

Éjaculation précoce : éjaculation survenant de façon prématurée.

Érection : afflux de sang qui gonfle et raidit certains organes (pénis, clitoris, mamelon) à la suite d'une excitation.

Fantasme : production de l'imagination (scènes, situations, rêveries...) éloignée de la réalité mais indispensable à la vie psychique.

Fécondation : union d'un ovule et d'un spermatozoïde lors de la fécondation avec formation d'un œuf.

Fœtus : nom donné à l'embryon par les spécialistes dès le troisième mois de la grossessse.

Gènes : constiués d'A.D.N. et portés par les chromosomes, les gènes sont responsables de la transmission des caractères héréditaires.

Glaire cervicale : liquide incolore ou translucide sécrété par les muqueuses du col utérin.

Gland : extrémité du pénis recouverte par le prépuce.

Glandes endocrines : glandes dont les produits de sécrétion se déversent directement dans le sang (à l'inverse : les glandes exocrines déversent leurs produits à l'extérieur de l'organisme ou dans le tube digestif).

Glandes sudoripares : glandes qui sécrètent la sueur (elles font partie des glandes exocrines).

Gonnoccie : maladie sexuellement transmissible due au gonocoque.

Herpès : lésion cutanée ou muqueuse provoquée par le virus H.S.V. (*herpès simplex virus*). L'herpès génital se transmet lors des rapports sexuels.

Homosexualité : attirance sexuelle pour les personnes de son propre sexe.

Hormones : substances sécrétées par des tissus spécialisés dits glandes endocrines, et libérées, dans le sang.

Hypophyse : glande située sous l'encéphale produisant de nombreuses hormones.

IVG : interruption volontaire de grossesse.

L.H., F.S.H. : hormones sécrétées par l'hypophyse stimulant les sécrétions des hormones sexuelles.

Libido : la dynamique de l'instinct sexuel, la recherche du plaisir sexuel.

Lubrification : sécrétions vulvaire et vaginale survenant lors de l'excitation sexuelle.

Méat urinaire : orifice externe de l'urètre.

Ménopause : arrêt définitif de la fonction ovarienne (arrêt de l'ovulation et des menstruations).

Ménorragie : règles très abondantes.

Métrorragie : hémorragie utérine survenant en dehors des règles.

M.S.T. : maladies sexuellement transmissibles.

Orgasme : degré le plus intense de l'excitation.

Ovaire : glande génitale qui produit les ovules et les hormones sexuelles.

Ovulation : rupture de l'ovaire et libération de l'ovule dans la trompe.

Ovule : cellule reproductrice femelle.

Ovules spermicides : comprimés contraceptifs gynécologiques à introduire dans le vagin.

Pelvis : bassin.

Pénis : organe sexuel masculin.

Périnée : ensemble musculaire permettant de constituer une sangle de soutien des appareils génitaux, urinaires et rectaux.

Perversions sexuelles : déviations par rapport à l'acte sexuel.

Prépuce : repli de peau qui entoure le gland.

Prostate : glande de l'appareil génital masculin dont la sécrétion contribue à la formation du sperme.

Règles : saignement utérin, durant de 3 à 5 jours, dû à la chute de la partie superficielle de la muqueuse utérine.

Scrotum : bourse renfermant les testicules.

Sébum : matière grasse produite par les glandes sébacées de la peau.

Spermatozoïde : cellule reproductrice mâle.

Testicules : glandes génitales mâles produisant les spermatozoïdes.

Trompes de Fallope : conduits qui relient l'utérus aux ovaires, permettant à l'œuf fécondé de gagner la cavité utérine.

Urètre : canal reliant la vessie à l'extérieur et servant à l'évacuation de l'urine.

Utérus : organe féminin de la gestation.

Vagin : cavité permettant le coït et l'accouchement par voie basse.

Vaginisme : contraction réflexe involontaire des muscles du vagin empêchant toute pénétration.

Vasectomie : section des canaux déférents chez l'homme, qui provoque la stérilité.

Vulve : ensemble des organes génitaux externes de la femme.

TABLE DES MATIÈRES

REMERCIEMENTS

L'éditeur et les auteurs remercient : Sashola Mahoney, Mark Noble et Candida MacDonald pour leurs conseils avisés ; les jeunes gens ayant servi de modèles ; Anthony Heller, Louise Daly et Maryann Rogers pour leur assistance à la production.

CRÉDITS PHOTOGRAPHIQUES
Comstock : 44, 46 ; / R. Michael Stuckey : 6 bas
The Image Bank / Werner Bokelberg : 9

Oxford Scientific Films, Mantis Wildlife Films : 70 droite, 71 haut droite
Pictor International : 30, 40
Science Photo Library : 66, 67 ; / Andy Walker, Midland Fertility Services : 71 haut centre, 71 bas
CNRI : 71 haut droite; / John Walsh : 70 bas
Telegraph Colour Library : 87 ; / R. Chapple : 32, 37 bas / Marco Polo : 33 bas ; Paul von Stroheim : 87
Zefa : 6 droite, 29, 34, 45, 77 ; / Norman : 2 ;

/ Wartenberg : 6 haut droite

PHOTOGRAPHIES ORIGINALES
Antonia Deutsch
Stephen Bartholomey, Andy Crawford,
Tim Ridley, Hanya Chlala

DESSINS
Coral Mula

RECHERCHE ICONOGRAPHIQUE
Clive Webster et Joanna Thomas

INDEX
Jane Parker